# Sylt

Rayka Kobiella

# Inhalt

# Das Beste zu Beginn

### Wie es Euch gefällt

Strand für alle Lebenslagen: ob einsame Spaziergänge, FKK-Genuss oder Party, mit der Familie im Strandkorb oder allein auf dem Surfbrett. Wasserratten und Sonnenanbeter, Outdoor-Fanatiker und Zwölf-Uhr-Frühstücks-Champagner-Trinker – auf Sylt findet jeder sein persönliches Strandvergnügen und noch viel Meer.

### Vorsicht: Party People

An den Wochenenden tummeln sich die an und für sich harmlosen angeschickerten Prolls im Feiermodus gerne am Brandenburger Strand in Westerland. Wer das weder mitmachen noch sehen möchte, weicht an einen der anderen kilometerlangen Strände aus.

### Skurrile Buddelvorschrift

Aufgepasst Ihr Sandburgenbauer: Wer zu tief gräbt, muss mit bis zu 1000 Euro Bußgeld rechnen. Entstanden ist diese Regelung, weil Touristen Löcher für die Strandkörbe aushoben. Wenn die Wellen dann alles überschwemmten, steckte der Korb fest.

### Was ich an den Syltern liebe

Niemals wird man einen Sylter über das Wetter meckern hören. Regen ist die Chance, es sich mit einer ›Toten Tante‹ oder ›Sylter Welle‹ gemütlich zu machen, bei starkem Wind lässt man sich gut durchpusten und wenn's kalt ist, na, dann zieht man den Reißverschluss eben höher. Denn hier gilt: Es gibt kein schlechtes Wetter. Nur falsche Kleidung.

### Geister, Geister!

Es soll spuken in der Braderuper Heide. Zwergenähnliche Wesen namens Onnerken sollen hier einst gelebt haben, bis sie von Friesen vertrieben wurden. Obwohl jeder auf Sylt weiß, dass die Zwerge inzwischen nach Morsum umgesiedelt sind, werden sie bis heute für den Spuk in der Heide verantwortlich gemacht.

## Einfach mal durchatmen

In Rantum, an der schmalsten Stelle Sylts, wo Watt und West-küste auf 600 m aneinander heranrücken, ist das Meer immer nah. In die weite Dünenlandschaft schmiegen sich reetgedeckte Häuser. Das Leben geht hier einen gemütlichen Gang. Ein Urlaub in Rantum, das bedeutet entspannte Strandtage, Spaziergänge am Watt, eine tolle Strandsauna – und immer wieder Meer.

## Abriss gut, Aussicht gut

Es war einmal vor vielen Jahren, da wollte Uwe Deyle eine riesige Therme in Keitum bauen. Eine tolle Idee! Leider verkalkulierte er sich und Sylts romantisches Friesendorf konnte für ein Jahrzehnt mit der teuersten Bauruine aufwarten. Nach langem Rechtsstreit konnten 2017 die Abrissarbeiten beginnen. Nun ist das ehemalige Thermenareal in ›Helhoog‹ umbenannt worden, Baurechte wird hier niemand mehr bekommen. Dafür gibt's nun einen naturnahen renaturierten Platz für alle – mit endlich wieder freiem Blick aufs Wattenmeer.

## Hmmm, dieses Essen!

500 Jahre ist es her, da speisten die Sylter nur einfache Grütze und getrockneten Fisch. Das Bild hat sich mehr als gewandelt: Sylt ist für Kulinarik-Freaks ein Eldorado. Nix, was es hier nicht gibt.

## Auf Sylt brennt's ...

... denn zu einem großen Fest gehören große Feuer. Ob zum Biikefest oder zur Mittsommernacht: Wenn am Strand die Flammen in den Himmel züngeln, sollten Sie sich das in keinem Fall entgehen lassen!

Mich zieht es raus in die Natur, in die Dünen und ans Meer. Während andere zum Frühstück schlurfen, springe ich irgendwo bei Rantum in die Wellen. Da habe ich gefühlt die Küste von Sylt für mich allein.

## Fragen? Erfahrungen? Ideen?

Ich freue mich auf Post.

*Mein Postfach bei DuMont:*
*kobiella@dumontreise.de*

# Das ist Sylt

Strand, Meer und Erholung. Das sind die Hauptgründe, warum Sylt so ein beliebtes Ziel bei den Deutschen ist. Sich einfach mal den Wind um die Nase pusten lassen, die frische Brise tief einatmen und in die Nordsee eintauchen. Auch wenn sich das Klischee hält: Die Champagner trinkenden, in überteuerten Läden shoppenden Sylt-Snobs sind eindeutig in der Minderheit. Insulaner und die meisten Urlauber lieben die aufgerüschte, altmodische Eleganz vergangener Zeiten und das bodenständige Friesentum, das sich immer häufiger in moderne Kleider wirft. Alle vereint die Liebe zum Meer, zu Strand, Watt und Dünen. Sylt kann so viel Klischee sein, wie Sie wollen, so viel Natur, wie Sie möchten, so viel Party, wie Sie lustig sind oder so viel Erholung, wie Sie brauchen. Auf 99 km² Fläche ist genug Platz für jede Art von Inselliebhaber, ob nun mit Klunker am Hals oder Leash am Surferbein.

## Chillen im Wind

Die wohl schönste Sicht auf Sylt hat man vom Meer aus: über 40 km Strand, Rotes Kliff und weite Dünenlandschaft. Am Ufer liegen Strandsaunen (die beste Idee Sylts), jede Menge Strandbistros und natürlich auch die schicken (und sagenhaft teuren) Restaurants mit Meerblick. Nehmen Sie die Insel von Nord bis Süd unter die Lupe, z.B. mit dem Rad auf der alten Trasse der Inselbahn, auf Spaziergängen an der verschwindenden Odde im Süden und am stürmischen Lister Ellenbogen. Eine Wattwanderung weckt das Kind in jedem: Barfuß durch den Schlick stapfen macht einfach Spaß, das ist keine Frage des Alters. Außerdem erfährt man so einiges über diesen Lebensraum, etwa, dass die sandigen ›Spaghettihäufchen‹ am Boden Wattwurmkot sind. ›Im Einklang mit der Natur‹ könnte ein Motto Ihrer Syltreise lauten. Einfach mal Austern und Schafen »Moin« sagen, dem Rhythmus des Meeres lauschen.

## Und Action!

Ankunft in Westerland. Hier beginnt für Zug- und Autoreisende der Inselurlaub. Der Ort als architektonisches Highlight? Keine Spur. Und dennoch: In Westerland trifft Familienfreundlichkeit auf Extremsportler, Partygänger auf Luftmatratzen-Chiller. Hier gibt es Unterkünfte und Restaurants verschiedenster Preisklassen und wen Shoppen glücklich macht (zu Sylter Preisen, versteht sich), der wird sich in Westerland & Co. pudelwohl fühlen. In den Straßen gen Strand locken die Auslagen der Shops und die Gerüche aus den vielen Imbissen kitzeln in der Nase. Die Karawane der Sylturlauber zieht hier entlang, immer dem Wasser entgegen. Westerland, Wenningstedt und Tinnum – das gesamte Zentrum der Insel ist vieles, aber niemals ruhig!

## Der Norden ruft

Adieu Trubel und Hektik! Im dünenreichen Listland lässt sich die Welt leicht vergessen. Nirgendwo sonst auf der Insel umfängt einen eine solche wohltuende Einsamkeit. Schier endlos scheinen hier Landschaft und Meer.

*Möwe im Tiefflug! Da lümmelt man sich doch zufrieden im Strandkorb und beob-
achtet aus seinem sicheren Nest das Schauspiel im Sand, in der Luft und im Wasser.*

Am Hafen von List geht es wiederum geschäftiger zu. Hier legen die
Fähren nach Dänemark ab. Zur Zeit scheint ein Shop, Restaurant und Hotel
nach dem anderen zu eröffnen. Aber keine Angst, auch Altbewährtes
bleibt: Backfisch oder ein Matjesbrötchen an Goschs Nördlichster Fischbude ist nach wie vor schmackhafter Kult!

## Ab in den Süden!

›Der Süden‹, das klingt doch immer verheißungsvoll nach Urlaub! Und
ja, im relaxten Rantum, an der schmalsten Stelle der Insel, mit Blick vom
Wattenmeer auf die Nordsee, lässt es sich wunderbar ausspannen. In
den Dünen zwischen Rantum und Hörnum geben sich im ›Sansibar‹, der
legendären Edelstrandhütte, Promis, Möchtegern-Yuppies, aber eben
auch die nette Familie mit Hund und die Oma von nebenan die Klinke in
die Hand. Hörnum wurde lange von der Urlauberschar übersehen. In den
letzten Jahren hat es sich hübsch herausgeputzt, ist modern geworden,
ohne sich dabei selbst aufzugeben. Im Sylter Süden will man gar nicht ans
Urlaubsende denken.

## Grün, grün, grün

Wollte man einen Song über den Sylter Osten schreiben, wäre ›Friesisch
Deluxe‹ ein angemessener Titel. Sylter, die ihr altes Söl'ring schnacken,
schmettern den Refrain. Im Videoclip Bilder von den urigen Friesendörfern,
flache Heidelandschaft und lebendige Bauernhöfe zwischen Munkmarsch
und Morsum und ganz viel Grün, dazu Einblendungen mit den schmucken
Reetdachhäusern von Keitum und Spaziergängern am Wattenmeer.

# Sylt in Zahlen

**4**

Golfplätze gibt es, auf denen Golfer versuchen, sich beim Einlochen nicht von den tollen Ausblicken ablenken zu lassen.

**4,14**

Mio. Übernachtungen weist die Statistik für 2021 aus.

**7,2**

Mio. € kosten 1,4 Mio. m³ Sand, der jährlich an den Stränden aufgespült wird, um die Insel in Form zu halten.

**11,3**

Kilometer fährt der Zug über den Hindenburgdamm, der die Insel mit dem Festland verbindet.

**20**

Punks reisten im Juni mit dem 9-Euro-Ticket nach Sylt und bauten ihr Protestcamp im Rathauspark auf. Nach drei Monaten zogen sie friedlich wieder gen Hamburg ab.

**52,5**

Meter hoch ist Sylts höchste Erhebung, die Uwe-Düne nördlich von Wenningstedt.

**70**

Prozent von Sylt sind Schutzgebiete.

**99**

Quadratkilometer groß ist Sylt und damit die größte unter den Nordfriesischen Inseln.

**400**

Mio. Fossilienfunde erzählen am Morsum-Kliff Erdgeschichte.

# 450

Kilometer Küste vom dänischen Esbjerg bis zum holländischen Den Helder erklärte die UNESCO 2009 zum Weltnaturerbe.

## 600

Meter Breite misst die Insel an der schmalsten Stelle bei Rantum.

## 12 000

Strandkörbe zieren die Sylter Strände von Hörnum bis List.

## 13 818

Einwohner zählt die Gemeinde Sylt. Tendenz: sinkend.

## 2009

Liter fasst das Becken im Sylter Aquarium. Durch ein Panoramafenster und in einem Tunnel kommt man hier Haien und Seepferdchen nah.

## 6000

Schweinswale tummeln sich im Meer rund um Sylt.

## 33 333

Meter lang ist der ›Syltlauf‹, an dem jährlich Mitte März rund 1500 Läufer teilnehmen.

## 441 000

Hektar umfassen das geschützte Wattenmeer und der Nationalpark.

## 40

Kilometer weißer Strand zum Toben, Sonnenbaden und Sich-des-Lebens-erfreuen

# So schmeckt Sylt

Auf die Frage, warum sie nach Sylt kommen, sagen viele, wegen des Meeres *UND* der Restaurants. Kein Wunder, gibt es doch auf der Insel eine hohe Dichte kulinarischer Anziehungspunkte mit häufig recht freien Interpretationen friesischer Kochkunst. Ob stylisches Restaurant oder gemütliches Café, minimalistisches Strandbistro oder Kultkiosk – Sylt hat für jeden Geschmack das Passende. Für sehr kleine und sehr große Portemonnaies.

## Die Sache mit dem Fisch

Wir sind auf einer Insel – da liegt es nahe, dass Fisch einen bevorzugten Platz auf den Speisekarten einnimmt. Typische Gerichte für die nordfriesische Region sind Pannfisch (Fisch aus der Pfanne mit Bratkartoffeln), Scholle mit Speck oder auf Büsumer Art mit Krabben, Matjes in Rahmtunke mit Zwiebeln und Äpfeln, dazu Bratkartoffeln. In gehobenen Restaurants dominieren Krustentiere, Lotte, Lachs und Zander. Sicher sein, dass der Fisch hier frischer aus dem Meer kommt als in Düsseldorf oder Berlin, nur weil die Nordsee vor der Tür liegt, können Sie allerdings nicht. Wie überall stammt der Fisch meist von den Trawlern, die die großen Häfen anlaufen, von wo aus er dann in den Handel kommt. Wenn Sie allerdings Krabben direkt vom einlaufenden Kutter auf die Hand kaufen, können Sie davon ausgehen, dass es sich um frische Nordseekrabben handelt. Und sogar Austern kommen aus der Lister Blidselbucht.

Wem Fisch Wurst ist, der kann sich auf Fleischgerichte wie Deichlamm sowie Wildente und Fasan von der Insel freuen.

## Austern – frischer geht's nicht

Die einzigen Austernbänke Deutschlands befinden sich seit 1986 im Sylter Norden. Bei Dittmeyer's in List können Sie die salzige Delikatesse sozusagen direkt ›von der Bank‹ probieren. Unter dem Namen ›Sylter Royal‹ finden Sie sie auch auf den Speisekarten vieler Restaurants der Insel.

## Fantasievolle Namen

Was bei den Friesen auf den Tisch kommt, hat mitunter seltsam anmutende Namen! Dahinter versteckt sich häufiger etwas, womit man nicht gerechnet hätte. Friesentorten sind mit Pflaumenmus und Sahne gefüllter Blätterteig. Wenn Sie in der Bäckerei eine Kliffkante sehen, ist ein Mehrkornbrötchen gemeint. Stuten ist nicht die

---

### GENUSSPFAD

Einmal im Jahr führt der Genusspfad in Westerland, List, Hörnum und Keitum jeweils zu fünf ausgesuchten Restaurants. Dabei kommt nur auf den Tisch, was Saison und Region hergeben. Die kurzen Wege von Lokal zu Lokal können Sie als Verdauungsspaziergang ansehen. Eine rechtzeitige Reservierung ist ratsam. Die Teilnahme ist zwar nicht preiswert, aber dafür sitzen Sie nicht im biederen Kleidchen auf einem steifen Stuhl, sondern sehen und erleben mal richtig was Kulinarisches. Termine auf https://genusspfad-sylt.de.

Pluralform für weibliche Pferde, sondern frisches Rosinenweißbrot. Eisbrecher können einheizen: Heißer Rotwein mit Rum! Und die Tote Tante ist gar nicht tot, sondern eine heiße Schokolade mit Rum und Sahne. Und wer Lust auf Abenteuer hat, bestellt eine Sylter Welle. Viel Spaß!

**Chillen und Genießen in den Dünen**
Eine der besten Errungenschaften der Insel: Strandbistros und Dünenrestaurants! Mal rustikal, mal gemütlich, mal modern, immer gut drauf – ob in den Dünen wie das Sansibar in Rantum oder das Samoa in Hörnum, ob am Strand wie Kaamps7 in Kampen oder Onkel Johnny's Strandwirtschaft in Wenningstedt. Der legere Blockhausstil sorgt für wohlige Gemütlichkeit, die Aussicht auf Meer und Dünen ist immer traumhaft. Nur die Preise können einen etwas flauen Magen hinterlassen. Aber dafür ist das Essen immer erstklassig!

**Schick und leicht, deftig und cool**
Sollten Sie je darüber nachgedacht haben, unter die Gourmets zu gehen, ist Ihr Besuch auf Sylt *die* Chance, damit anzufangen. Die ›Königin der Nordsee‹ gilt als Eldorado für Feinschmecker. Söl'ring Hof (Rantum), KAI3 (Hörnum), Bodendorf's im Landhaus Stricker (Tinnum) sind die Adressen der Sterneköche. Klassisch gehobenes Ambiente, super Service, tolles Essen. Alexandro Pape gab hingegen seine zwei Sterne freiwillig auf, um in Keitum das Lokal Brot und Bier auf hohes Niveau in ein modern-rustikales Umfeld zu bringen. Sie haben die Qual der Wahl!

**P
PREISE**

So viel kostet in etwa ein Hauptgericht oder Menü:

| | |
|---|---|
| € | bis 10 Euro |
| €€ | 10 bis 30 Euro |
| €€€ | über 30 Euro |

### RODE GRÜTT

1 kg frische rote Beerenfrüchte, 1 Vanillestange, 1 Zimtstange, 250 g Zucker, Speisestärke. Früchte (z. B. Kirschen, Erdbeeren, Johannisbeeren, Himbeeren, Brombeeren, etc.) und Zucker mit den Gewürzen in 1 l Wasser aufkochen, mit der Speisestärke, die vorher kalt angerührt wird, andicken und erkalten lassen. Die Rote Grütze mit Vanillesoße, Sahne oder Milch servieren. Hmmm, lecker! Nicht nur Kinder lieben sie!

**Zum Warmwerden und Einheizen**
Vielleicht ist es Ihnen schon aufgefallen: Auf Sylt ist es gerne mal windig und es regnet auch ab und zu. Ganz abgesehen davon, dass nach dem Sommer immer der Herbst folgt. Darum schwören die Friesen auf Tee mit Klüntjes (Kandis), Tote Tante, Sylter Welle, Eiergrog, Punsch, Eisbrecher oder Pharisäer. Das ist gemütlich, Ihnen wird garantiert schnell schön heiß und so gewinnt man dem Schietwetter eine angenehme Seite ab. Schauen Sie in den Kasten links und probieren Sie sich durch!

# Ihr Sylt-Kompass

**#2**
Der Himmel so weit –
**Uwe-Düne und Rotes Kliff**

**#3**
Künstler, Promis,
Millionäre – **Kampen**

*Am liebsten zum Sonnenuntergang*

REICH & SCHÖN

**#1**
Slow ride –
**nach Hörnum radeln**

## AUF DEN DRAHTESEL, FERTIG, LOS!

# WOMIT FANGE ICH AN?

1  2  3

15

IN SACHEN KÜSTENSCHUTZ

**#15**
Sand für Sylt –
**an der Odde**

14  13  12

## BABYSTUBE FÜR SANFTE RIESEN

*Schickimicki? – Nein, danke*

**#14**
Besondere Begegnungen – **Wale und Wassersportler**

Fernglas im Gepäck

**#13**
Lecker und mit Flair –
**Essen gehen auf Sylt**

**#12**
Ein Biotop für Vögel –
**Rantumbecken**

**#4**

Wellness à la Sylt –
**Strandsaunen**

**#5**

Spaß an Wissen-
schaft – **Erlebniszen-
trum Naturgewalten**

Sprung ins kalte Wasser

Wer nicht fragt, bleibt dumm

SCHMATZ
PLATSCH
WATSCH!

**#6**

Wer hat das Meer
geklaut? – **Im Watt**

Strand in Sicht

**#7**

An der Nordspitze –
**der Lister
Ellenbogen**

NATUR PUR

**#8**

Lila Landschaften –
**unterwegs in der
Braderuper Heide**

Ohne Eltern ...
Versteht sich!

**#9**

Piraten, Artisten und
Entdecker gefragt –
**Sylt in Kinderhand**

WAS
KREUCHT
UND
FLEUCHT
DENN
DA
?

Mehr Idylle geht nicht

**#11**

Auf Expedition –
**das Morsum-Kliff**

**#10**

Friesenromantik in
Reinform –
**das grüne Keitum**

# Das Zentrum der Insel

Hier kommen alle Besucher an. Der erste Eindruck fällt eher ernüchternd aus: trubelig, voll, touristisch. Wo bin ich bloß gelandet? Doch dann, mitten im Tohuwabohu zwischen unzähligen Imbissen, Restaurants und Cafés, Boutiquen und vollgestellten Souvenirläden, erkennt man plötzlich die Magie von Sylt: gegelter Schnösel steht neben Weltenbummler, Jung plaudert mit Alt, Spießig teilt den Tisch mit Cool – am Ende bläst uns allen der gleiche Wind um die Nase. Das ist wunderbar.

# Westerland 🗺 C 6

**Wer zum ersten Mal in Westerland eintrifft, wird sich wundern, warum Die Ärzte so sehnsüchtig ihr »Ich will zurück nach Westerland« schmetterten. Der Bauboom der 1960er-Jahre hat Opfer gefordert: Triste große Apartmentblocks und Hotels ersetzen altehrwürdige Villen und Häuser des einst mondänen Seebads. Schön ist anders. Doch da ist das Meer, das einen magisch anzieht. Westerland punktet mit einem traumhaften Strand, Surfcups und netten Bistros, in denen man lecker essen kann. Der Ort geizt nicht mit vielfältigen Angeboten: Shoppingmeile, jede Menge Restaurants, Wellness und Attraktionen wie die Sylter Welle sowie Bars, die auch mal länger aufhaben als bis 22 Uhr. Da kann man die Bausünden vor lauter Urlaubsglück schon mal übersehen …**

## WAS TUN IN WESTERLAND?

### Ans Meer, ans Meer!
Der wohl wichtigste Tipp für Westerland: <lobige Architektur ausblenden, salzige Meeresluft tief einatmen. Also

---

### INSEL-INSPIRATIONEN

Im Jahre 1930 verbrachte der Expressionist Emil Nolde einige Monate auf Sylt. Tief beeindruckt von den Naturgewalten der Insel, schuf er seine ausdrucksstarken Gemälde. In der **Emil-Nolde-Lese-Lounge** `2` direkt an der Strandpromenade hängen gerahmte Reproduktionen seiner Bilder und historische Fotos. Die Leselounge (mit ausgelegten Tageszeitungen) ist ein angenehmer, gemütlicher Rückzugsort. Eintritt frei, tgl. 9–19 Uhr.

---

los! Am Brandenburger Strand beginnt der Urlaub! Hier gibt es immer was zu sehen: neben Surfern und Kitern, die nach »getaner Arbeit« erst einmal heißhungrig über Bier und Burger von der Beachbox gleich hinter der Düne herfallen, bis zum Seniorenpärchen, das glücklich zum Sound der **Musikmuschel** `1` wippt. Schon seit 100 Jahren wird die Bühne am Strand von Orchestern, Chören und Gospelgruppen bespielt. Links und rechts scheinen die ebenfalls 100 Jahre alten Skulpturen aus Muschelkalk, »Triton auf dem Hippokamen« und »Europa auf dem Stier«, der Musik zu lauschen. Den Anblick der 1960er- und 1970er-Jahre-Bauten, die direkt bis an die Promenade heranreichen, muss man mit Humor nehmen. Ja, auch schöne Fleckchen Erde haben ihre Schandmale. Mit einem Eis in der Hand, Blick aufs Meer, lässt es sich wunderbar gen Süden schlendern. Bald führt ein Weg aus Holzbohlen an einigen Strandbistros vorbei. Die **Himmelsleiter** `3` zu erklimmen, lohnt sich sehr: 26 m hoch ist der Dünenübergang mit dem verheißungsvollen Namen. Und tatsächlich reicht der Höhenunterschied auf Sylt, um eine himmlische Aussicht über Nordsee und Insel genießen zu können.

### Shoppen und schlemmen
Tagesgäste strömen aus dem Bahnhof in die Friedrichstraße hinein, essen schnell ein Fischbrötchen und schlendern dann weiter durch die Fußgängerzone bis zum Meer. Das alles lässt die Skulptur ›Dicke Wilhelmine‹ von Ursula Hensel-Krügers unbeeindruckt, schon seit 1980 planscht sie entspannt im Brunnen und wäscht sich die Füße. Friesenidylle mit Reetdächern? Fehlanzeige. Die Architektur übersieht man hier wohlweislich und richtet den Blick lieber auf die Auslagen der Boutiquen, Sportgeschäfte, Souvenirläden. Die parallel gelegene Strandstraße bietet Ähnliches, ist nur kleiner. Vom **Rathaus** `4` aus führt sie an zahlreichen Cafés und Geschäften vorbei. In einem

*Steife Brise? Macht nix, Bollerwagen packen und ab geht's an den Strand. Dort ist es auch dann wunderbar, wenn das Meer braust und der Wind die Wolken über den Himmel jagt.*

kleinen Park gegenüber vom Casino steht eine Sonnenuhr. Hier beweisen die Sylter, dass sie Menschen von Welt sind: Der Zeitmesser zeigt verschiedene Zeitzonen an. Die Strandstraße mündet beim Schwimmbad **Sylter Welle** ❶ an den Strand. Nachtschwärmer sollten sich den Namen Paulstraße einprägen. Hier feiert man ganz ungeniert in der legendären **Wunderbar** ✸.

### Das andere Westerland

Alt-Westerland kehrt dem Meer den Rücken zu. Macht man es genauso, entdeckt man hinter dem Bahnhof den alten Ortskern. Der gibt sich idyllisch mit schönen Reetdachhäusern und zählt zu den jüngeren Siedlungen der Insel. Nachdem eine Sturmflut im Jahr 1436 das Dorf Eidum zerstört hatte, errichteten die Inselbewohner auf Heideflächen das heutige Alt-Westerland, das 1905 zur Stadt wurde. In gebührendem Abstand zum Meer scharen sich die Häuser östlich vom Bahnhof um die Kirche **St. Niels** ❺ herum. Die Kirche aus dem Jahr 1635 ist – wie könnte es anders sein – nach dem Schutzheiligen der Seefahrer, St. Nikolaus, benannt. Der spätgotische Schnitzaltar erinnert an den der St.-Severin-Kirche in Keitum. Auf dem alten Friedhof fanden angesehene Westerländer Bürger ihre letzte Ruhestätte. Erst als der Ort 1855 Seebad wurde, dehnte sich Westerland nach Westen, in Richtung Strand aus.

**ÜBRIGENS**

»Das Innere Westerlands wird von Jahr zu Jahr ungemütlicher und fremder. Die Strohdächer verschwinden. Regellos wird ein Kasten neben den anderen gesetzt, und kein Mensch passt auf, dass das Ganze ein Aussehen bekommt«, klagte schon 1910 Thomas Hübbe, der Sohn des Keitumer Landvogts. Westerland war zum Modebad der wilhelminischen Schickeria geworden.

# WESTERLAND

## Reisende Riesen

Wer heute Westerland mit der Bahn erreicht, steht zunächst vor der Skulptur **»Reisende Riesen im Wind« 6**. Windschief trotzen die überdimensionalen grünen Plastiken dem Nordseewind und säumen den Bahnhofs-

vorplatz. Im Jahr 2000 wurde aus 72 Bewerbungen für eine künstlerische Verschönerung des Platzes die Idee des Kieler Künstlers Martin Wolke ausgewählt. Seine Plastiken zeigen eine vierköpfige Familie nebst Lampen und Koffern, die in schräger Haltung auf den

**Nordsee**

2 Twisters Tiki Diner
3 Fisch-Blum
4 Badezeit
5 Osteria S52
   seaside

Zug wartet. Dem einen oder anderen haut der Wind nicht nur um die Ohren, sondern auch das Gesicht anders herum. Füße und Koffer sind als Sitzgelegenheiten gedacht. An dem außergewöhnlichen knallgrünen Wahrzeichen scheiden sich bis heute die Geister.

**Heimstätte für Heimatlose**

Wer in früheren Zeiten über Bord ging und leblos an die Sylter Küste gespült wurde, hatte Glück im Unglück. Denn die Insulaner betteten die Namenlosen zur letzten Ruhe. Lediglich ein Holzkreuz mit dem Tag, an dem der Unglückliche

gefunden wurde, konnten sie in die Erde
schlagen. Von 1855 bis 1907 begrub man
auf dem **Friedhof der Heimatlosen**
7 insgesamt 53 Menschen (Käpt'n-
Christiansen-Str./Ecke Elisabethstr.).

## SCHLEMMEN, SHOPPEN, SCHLAFEN

### In fremden Betten

#### Cooles Design
#### Villa 54° Nord
Spannende Kombi: junges, modernes
Boutiquehotel in einer alten Villa. Zim-
mer nach hinten raus nehmen!
Norderstraße 21, T 04651 836 40 08, www.
villa54-sylt.de, €€

#### Wohlfühlfaktor hoch 10
#### Haus Noge 2
Sooo schön! Hier verbinden sich Charme,
Charakter und Tradition – muss man
gesehen haben, um es zu verstehen.
Dr.-Ross-Str. 31, T 04651 1795, www.haus-
noge.de, €€

#### Mehr Meer geht nicht
#### Dünencamping Sylt 3
Wenn es mitten in der Natur und trotzdem noch nah genug bei Westerland
sein soll, empfiehlt sich dieser Campingplatz mit 450 Stellplätzen und der
leckeren Osteria S52 seaside. Nur 300 m
läuft man bis zum Meer.
Rantumer Str., T 04651 83 61 60, www.
campingplatz-westerland.de, April–Okt., Vorbestellung Nov.–März T 04651 810 11, €

### Satt & glücklich

#### Kleine Bude ganz groß
#### Beachbox 1
Mir nichts, dir nichts bekommt man
hier nach dem Surfen und anderen
Wasservergnügen nah am Strand für
verhältnismäßig wenig Geld leckerstes
Fastfood zu guten Preisen.
Käpt'n-Christiansen-Str. 42, tgl. 11.30–20 Uhr, €

#### Lässig
#### Twisters Tiki Diner 2
Wird seinem Ruf als coolster Surferladen
mit tollen Burgern – auch vegan/vege-
tarisch – gerecht. Auf Flatscreens laufen
nonstop Surfvideos, serviert wird hawaii-
anisches Bier … Gibt's auch als Twisters
Beach Diner in Wenningstedt.
Paulstr. 6, www.facebook.com/Twisters.Sylt,
www.twisterssylt.de, Mo–Sa 12–21 Uhr, €

#### Ein Herzenstipp in Sachen Fisch
#### Fisch-Blum 3
Wer richtig leckere Fischbrötchen serviert bekommen möchte, ohne Schnickschnack und Massenabfertigung, geht
zu Fisch-Blum. So wie alle Sylter. Statt
zu … na, Sie wissen schon.
Neue Str. 2 und Süderstr./Gaadt 2a,
www.sylter-fisch.de, Mo–Sa 8.30–20, So
11–20 Uhr, €

#### Versüßter Ausblick
#### Badezeit 4
Mit bestem Blick auf Strand und Meer
Rote Grütze mit Vanilleeis oder Milchreis

mit Apfelkompott genießen. Tolle Auswahl regionaler Gerichte – auch für Veganer.

Dünenstr. 3 (Strandpromenade), T 04651 83 40 20, www.badezeit.de, Mo–Fr 11–22, Sa/ So 10–22 Uhr, €€

### Pizzen groß wie Wagenräder
**Osteria S52 seaside** ❺

Uriges Restaurant im Dünengarten am Campingplatz. Italienische Leckereien u. a. sehr große Pizzen. Bis 17 Uhr gibt's Frühstück. Mit Spielplatz.

Süderstr. 68, T 04651 298 19, www.osteria-sylt. de, April–Okt. tgl. 10–23.30, Nov.–März 12–23.30 Uhr, €€

· · · · · · · · · · · · · · · · · · · · · · · · · · · · · · ·

### 🛍 Stöbern & entdecken

### Funkelnagelneu
**Einkaufszentrum**
**Neue Mitte Westerland**

Viele Marken haben ihre Niederlassung in diesem modernen Shoppingtempel. Der kleine Park davor ist vielleicht bald der neue Platz zum Eis schlecken nach dem Einkaufsbummel.

Zwischen Strandstraße und Friedrichstraße, www. neue-mitte-westerland.de, Mo–Sa 10–19 Uhr

### Nie wieder kalte Ohren!
**Sylt Brands & Skull** ❷

Über zwei Etagen coole limitierte Beanies und viele Sylt-Mitbringsel zu guten Preisen. Hier gibt's schöne Erinnerung an die Insel für Zuhause!

Friedrichstr. 44, T 04651 995 74 49, www.sylt-brands.de, Mo–Sa 10–19, So 10–17 Uhr

### Der perfekte Schmöker
**Badebuchhandlung**
**Rolf. K. Klaumann** ❸

Liebevoll geführte Buchhandlung mit toller Beratung, um die perfekte Strandlektüre zu finden.

Friedrichstr. 7, T 04651 226 09, www.badebuch handlung.de, Mo–Sa 9–18.30 Uhr

### Coole Hoodies von der Insel
**INSELKIND** ❹

Strandkollektion von Sylt für alle, die es gerne gemütlich, bequem und lässig haben. Auch Surf- & SUP-Kurse in der angeschlossenen Surfschule in Hörnum sind buchbar.

*Im riesigen Sandkasten von Westerland weht der Sportsgeist. In Sand und Sonne beim Beachball alles geben, das Meer für die Erfrischung zwischendurch wartet schon.*

# Slow ride –
# nach Hörnum radeln

**Längst passé sind die Zeiten, in denen die Sylter Inselbahn mit Gästen, die in Hörnum anlegten, gen Norden zockelte. Nach 70 Jahren wurde der Betrieb 1970 eingestellt. Seitdem rollen die Urlauber auf Drahteseln über die höher gelegene Bahntrasse, eine der schönsten Fahrradstrecken auf Sylt.**

Als die Straßen gerade mal bis nach Rantum führten, plante ein Hamburger Unternehmer eine Schiffslinie zwischen Hamburg und Sylt mit Anleger in Hörnum. Da allerdings seinerzeit alles gen Westerland strebte, musste eine Möglichkeit gefunden werden, die Passagiere nach Norden zu befördern. Gesagt, getan.

Es gab schon Bahnen in anderen Teilen der Insel und somit entschied sich derselbe Herr 1901, auch eine Strecke von Westerland nach Hörnum zu eröffnen. Bis 1935 blieb die Inselbahn die einzige Möglichkeit, den Süden Sylts zu erreichen. Mit immerhin bis zu 40 km/h tuckerte die ›Rasende Emma‹ durch die Dünen. Hatte mal eine Sandverwehung die Trasse bedeckt, hieß es für die Passagiere: aussteigen und mit anpacken.

Bald wurde die Strecke bis nach List verlängert. Die Fahrzeit von Hörnum bis dorthin betrug 50 Minuten. Bis 1970 fuhr die Bahn, dann wurde der Betrieb als »nicht mehr zeitgemäß« eingestellt. Busse und Autos übernehmen seitdem die Transporte von Nord nach Süd. Was bleibt, ist die Erinnerung an alte Waggons und Triebwagen und eine Piste, auf der man heute fernab vom Abgasmief der Autos wunderbar in die Pedale treten kann.

*Päuschen? Mit dem Rad lässt sich Sylt bestens entdecken.*

## Ab aufs Rad

Verlassen Sie Westerland über das Südwäldchen. Hinter dem Campingplatz wird der Blick frei auf den Westerländer Binnendeich, der den südlichen Teil des Ortes schützt, falls der Nössedeich brechen sollte. Bis zum Bau des Nössedeiches im Jahr 1937 kam das Wasser mit Leichtigkeit bis hierher. Nun sind Sie schon im **Naturschutzgebiet**

**Baakdeel,** das mit dem südlich anschließenden **Naturschutzgebiet Rantumer Dünen** – Orte und Jugenderholungsheime ausgenommen – bis nach Hörnum reicht.

Durch das **Dikjen-Deel** (Deichende-Tal), ein auffallend tief liegendes Gebiet, das in der Vergangenheit oft überflutet wurde, nähern Sie sich linker Hand der **Vogelkoje Eidum** `1`. Seit 1874 wurde hier Entenfang betrieben, doch mit dem Bau der Inselbahntrasse gingen die Fangzahlen erheblich zurück. Hinter dem Wäldchen der Vogelkoje bietet sich ein weiter Blick über das Rantumbecken.

Hinter der Ortseinfahrt von Rantum links in den Dikwai abbiegen und dann sofort wieder rechts in die Alte Dorfstraße. Die Fahrt – parallel zur Hauptstraße – ist hier noch ruhiger und man hat einen freien Blick auf das Watt über die **Rantum Inge.** ›Inge‹ ist keine alte Dame, sondern das friesische Wort für Salzwiese, ein überflutetes Vorland. Bis zum Bau des fünf Meter hohen Deichs 1987 stand dieser Teil von Rantum bei Flut oft unter Wasser.

## Von zarten Pflänzchen und rauen Piraten

Weiter geht die Fahrt auf der Trasse der ehemaligen Inselbahn. Im Sommer blühen am Wegesrand Gänsefingerkraut, Habichtskraut, Labkraut, Mauerpfeffer um die Wette. Dazwischen leuchten die Blüten der Kartoffelrose. Fast überall sieht man die Krähenbeere, die Hauptpflanze der Küstendünen, die im Spätsommer schwarze Früchte trägt.

Jetzt heißt's aber Blick heben, dann sieht man rechts eine hohe Düne, den **Burgberg** `2`. Westlich von hier, unter dem Sand der Dünen, wahrscheinlich schon auf dem Meeresgrund, vermutet man die **Rathsburg,** eine ähnliche Ringwallanlage wie die Burgen von Tinnum und Archsum. Mitte des 18. Jh. soll die Burg, entstanden im Römischen Kaiserreich und später von Wikingern und Friesen bewohnt, vom Sand überweht worden sein.

Das, was da so hässlich aus den Dünen in die Luft schießt, ist der 200 m hohe Sendemast der US Coast Guard. Durch die moderne Satellitennavigation wurde er überflüssig und ging 1989 in den Besitz des Wasser- und Schifffahrtsamtes Tönning über. Hinter dem eingezäunten Gebiet um den Sendemast liegt das **Hamburger Jugenderholungsheim Puan Klent**. Statistisch gesehen, hat hier fast jeder Hamburger als Kind oder Jugendlicher irgendwann einmal Ferien gemacht. Die Herkunft des Namens ist nicht ganz eindeutig zu klären. ›Klent‹ kann von dänisch *klint* (Kliff) kommen, ›Puan‹ von der sagenumwobenen Figur Pua Moders, einem Sylter Eulenspiegel. Einer anderen Erklärung zufolge bedeutet ›Klent‹ Unterschlupf – könnte also der Unterschlupf des Pua Moders gemeint sein? Es heißt auch, dass in dieser Gegend einst besonders verwegene Strandräuber gelebt haben sollen. Letztere Version wird von den Hamburger Kindern bevorzugt.

Man kann sein Rad hier abstellen und westwärts den **Olymp** 3 besteigen, den Hausberg der Puan Klenter. Der Blick von dieser Erhebung über die Dünenlandschaft bis nach Hörnum ist wunderschön.

*Wer noch ein bisschen Puste übrig hat, dem sei ein Abstecher über den Deich rund um das Naturschutzgebiet Rantumbecken empfohlen. Es fühlt sich an, als würden Sie direkt durchs Wasser fahren!*

## Am Ziel gibt's leckere Fischbrötchen

Noch 4 km führt der Weg weiter durch die Dünen bis nach Hörnum. Im Norden machen sich die Kasernen der ehemaligen Wehrmachtssiedlung breit. Einige davon werden als Jugenderholungsheime genutzt. Jetzt heißt es nochmal Durchhalten: Denn wer weiter auf den Spuren der einstigen Inselbahn fährt und dem Bogen der Strandstraße folgt, wird im Hafen von Hörnum an der **Fischbude** ❷ mit leckeren Fischbrötchen belohnt.

---

INFO

**Zurück mit dem Bus:** Jetzt haben Sie sich schon so tapfer durch Wind und Wetter und – nicht zu vergessen – wunderbare, erholsame Natur gestrampelt, da können Sie sich für die Rücktour auch einmal etwas gönnen. Die Busse des SVG haben am Heck die Möglichkeit, bis zu fünf Räder mitzunehmen. Kurz dem Fahrer Bescheid geben, Rad festspannen und Fahrschein lösen.

---

EINKEHR ZWISCHENDURCH

**Sansibar** ❶: Ein legendärer Ruf eilt dem Sansibar voraus. Zugegeben, hier noch einen Platz zu ergattern, ist schwer. Aber egal, wie voll es ist, die Kellner haben einen im Blick. Mit tollem Spielplatz (T 04651 96 46 46, Reservierungen nur telefonisch ab 12 Uhr, www.sansibar.de, Küche tgl. 10.30–23 Uhr, €€–€€€, ▶ S. 92).

**Fischbude am Hafen** ❷: Direkt am Hörnumer Hafen mit wenigen Sitzmöglichkeiten, dafür aber zu guten Preisen Fischiges auf die Hand. Und für Willi, Hörnums bekannteste Kegelrobbe (▶ S. 96), kann man kleine Heringe erwerben (tgl. 10.30–18 Uhr, €, ▶ S. 100).

Faltplan: C 6–C 12

Stephanstr. 8, www.inselkind.com, T 04651 446
79 77, Mo–Fr 10–18, Sa 10–14 Uhr

### Schönster Insel-Flohmarkt
**Hausfrauenflohmarkt**
Vorm Westerländer Rathaus entpuppt
sich halb Sylt als Schnäppchenjäger.
Beim sog. Hausfrauenflohmarkt von Sylt
kramt man sich gerne von Tisch zu Tisch.
Mai–Okt. immer Do 8.30–18 Uhr

## ☀ Wenn die Nacht beginnt

### Atemlos durch die Nacht
**Wunderbar** ✳
Den meisten Clubs in Westerland hängt
ein Hauch von provinzieller Musikkneipe
an. Da ist die Wunderbar keine Ausnah-
me. Statt Schickimicki Schlager, Promille,
Stimmung, flauschig, eng, oft verqualmt.
Gehört zu Westerland wie das Meer …
Paulstr. 6, T 04651 217 07, www.sylt-wunder
bar.de, Mo–Sa ab 21 Uhr

An den Masten weht oft eine Fahne,
auf der man lesen kann: »Rüm hart,
klaar kimming«. Der Leitspruch der
Sylter Friesen bedeutet soviel wie
»reines Herz, klare Sicht«. Friesisch
ist kein Dialekt wie das Plattdeutsche, sondern eine eigenständige
westgermanische Sprache. Das Sylter
Friesisch im Speziellen heißt Söl'ring
und ist verwandt mit Altenglisch und
Altniederdeutsch. Einst brachten es
Friesen aus den Niederlanden mit,
als sie die Insel besiedelten. Von den
heutigen Einwohnern auf Sylt spre-
chen höchstens noch 10 % Söl'ring,
vor allem in den Ostdörfern. Der Sylter Heimatverein Söl'ring Foriining
versucht, das Friesische vor dem
Aussterben zu bewahren. Unterstüt-
zung gibt's von der Universität Kiel:
Dort wurde sogar ein Lehrstuhl für
die Sprache eingerichtet.

## 🌊 Sport & Aktivitäten

### Adrenalin und Entspannung
**Sylter Welle** ❶
Black Hole, Turbo- und Reifenrutsche,
schöne Saunawelt, ein großes Wellen-
bad und ein Kinderbecken mit Piraten-
schiff zum Entern – hier gibt's für jeden
was. Super beliebt bei Kids (zwischen
8 und 17 Jahren): Mermaiding-Kurse.
Wie schwimmt und taucht es sich mit
Meerjungfrauen- oder Haifischflosse?
Während die Kinder wie Arielle durchs
Wasser gleiten, machen es sich die
Großen am besten auf dem Liegedeck in
der oberen Etage gemütlich und genie-
ßen den Ausblick auf die Nordsee.
Strandstr. 3, T 04651 99 81 11, www.sylter
welle.de, tgl. 10–22 Uhr, 3-Std.-Tarif Erw. 13 €,
Kinder/Jugendliche 7 €

### Von Dreirad bis E-Bike
**M&M Fahrradverleih Sylt** ❷
Ob ganz sportlich oder lieber mit
Elektromotor: Auf einer ehemaligen
Bahntrasse kann man ganz Sylt erkun-
den und hier bekommen Sie gleich das
passende Fahrrad dazu sowie Zubehör
wie Helme, Fahrradanhänger und
Kindersitze.
Kirchenweg 2, T 04651 357 77, www.sylter-
fahrradverleih.com, tgl. 8–18 Uhr

### Ab ins Meer!
**Surfschule Westerland** ❸
Am Brandenburger Strand liegt die
Surfschule Westerland. Ob Stand-Up-
Paddeln, Kitesurfen, Windsurfen oder
Surfen – rauf aufs Brett, hier ist alles
lernbar! Nervennahrung gibt's im ange-
schlossenen Restaurant.
Brandenburger Str. 15, T 04651 271 72, www.
sunsetbeach.de

### Abenteuernächte und mehr
**Confetti Kinderclub** ❹
Schlafen Fische in der Nacht? Und
schnarchen sie vielleicht sogar? Kinder
können das jeden Freitag im Aquarium überprüfen (unbedingt vorher
anmelden!). Der Confetti Kinderclub
organisiert Übernachtungen, bei denen

noch mal im Hellen durch das Aquarium geführt wird, bevor die Kids umgeben von der Meereswelt einschlummern. Außerdem bietet der Confetti Kinderclub auch einen Tag auf dem Ponyhof, Mini-Motocross, ein Spielhaus mit Turm und, und, und – hier fällt abgeholt werden richtig schwer …
Schützenstr. 20–24, T 04651 85 04 44

## INFOS

**Kurabgabe:** 4 € für Tagesgäste
**Tourismus-Service Westerland:** Strandstr. 35, T 04651 998 60 00, www.insel-sylt.de, Mo–Fr 9–17 Uhr, oder: Info-Center Westerland, Friedrichstr. 44, T 04651 99 80, Mo–Fr 9–18, Sa ab 10, So ab 11 Uhr
**Tourist-Information Bahnhof Westerland:** Pavillon am Bahnhof, Kirchenweg 1, T 04651 99 80, tgl. 9–18 Uhr

**VERBOTE**

Am Strand ist vieles verboten: Übernachten, Zelten, lautstarkes Feiern, Musizieren, Möwen füttern, Grillen, Lagerfeuer … Hohe Bußgelder drohen. Aber der Friese an sich ist ja ein friedvoller Mensch, noch reichten stets Gespräche aus, um die Wogen zu glätten, und bisher hat kein Urlauber an dieser Stelle Geld in den Sand gesetzt.

## TERMINE

**Musik am Meer:** Mai–Okt. Bis zu zwei Mal tgl. Livemusik in der Musikmuschel.
**Summer Opening:** Ende Mai/Anf. Juni. Sehen, was alles möglich ist beim Kiten,

*Reisende Riesen wissen offensichtlich auch, wie schön Sylt ist. Seit über einem Jahrzehnt stemmen sie sich schon in Westerland gegen den Wind, die Köpfe im Himmelsblau.*

**I**
**INSELCRUI-SER**

… so heißen die Rikscha-E-Bikes, die Sie ökologisch korrekt ab 19 € für 30 Minuten sicher auf der Insel herumkutschieren. Entweder vorab buchen oder einem Fahrer freundlich heranwinken. T 0178 291 01 18, www.sylt-velotaxi.de

Windsurfen und Stand-Up-Paddling. Die Besten machen es vor!
**Fun Beach:** Juli/Aug. Beachvolleyball-turniere in Westerland und Rantum. Viele Strandspiele werden ausgeliehen.
**Westerländer Winzerfest:** Mitte Juli. Weinverkostung aus ganz Deutschland.
**Multivan Surf Cup Sylt:** Ende Juli. Die besten Windsurfer kämpfen um den Titel.
**Sylter Sailing Week:** Anfang Aug. Zehn Tage lang auf und am Meer. www.syltsailingweek.de
**Windsurf World Cup:** Sept./Okt. Am Brandenburger Strand treffen sich die besten Windsurfern der Welt. Und nach dem Sport wird Party gemacht.
**Weihnachtsbaden:** 26. Dez. Traditionelles Schwimmen in ausgefallenen Kostümen oder gleich nackt. Brrr …
**Silvester:** Open Air mit Flair – Feier auf der Westerländer Strandpromenade.

**O**
**OLDTIMER**

Oldies but Goldies – vielleicht haben Sie sich schon gewundert, was da so über die Insel kurvt: die großen, coolen Oldtimerbusse aus einer anderen Zeit. Abgesehen davon, dass sie das Straßenbild verschönern, sind die Gefährte auch mietbar für Events, Inselrundfahrten usw. Der Oberclou: Bei gutem Wetter wird der Bus zum Cabrio! T 04651 83 61 00, www.svg-busreisen.de

# Wenningstedt ⌖ C 5

**Breiter Strand, hohes Kliff, gute Restaurants, durch und durch familienfreundlich, so könnte man Wenningstedt beschreiben. Die kleine Schwester von Westerland hat sich vor einiger Zeit einer Rundumerneuerung an der Strand-straße unterzogen: Mit dem Haus am Kliff ist ein Ort mit Boutiquen, Eiscafé und Veranstaltungsange-boten entstanden, daneben ragt das Restaurant Gosch mit seiner besonderen Architektur wie eine riesige Welle – die in diesem Falle begrünt ist – gen Meer. Wenning-stedt verspricht sorglose Urlaubs-tage, die einzigen offenen Fragen: Logenplätze am Meer oder am romantischen Dorfteich, Wande-rung durch die Heide oder doch lieber auf dem Kliff entlang?**

### WAS TUN IN WENNINGSTEDT?

**Alles neu am Kliff**
Von dem Ort, an dem sich einst die Menschen ihr Fischbrötchen vorm kleinen Gosch-Imbiss schmecken ließen, das Meer im Blick, ist nicht mehr viel übrig geblieben. Viel hat sich getan im Ferienziel Wenningstedt. Das Herz des sympathischen Familienortes schlägt im an ein Bäderhaus erinnernden Kurhaus, **Haus am Kliff 1** (Strandstr. 25). Der hölzerne, lichte und moderne Bau ist ein echter Hingucker. Direkt am Kliff finden sich unter einem Dach die Bäckerei Raffelhüschen, das Eiscafé/Restaurant **iismeer Sylt 3** mit toller Außenterrasse zur Seeseite, der Tourismus-Service, eine Bankfiliale, die Westerländer Bade-buchhandlung, der Veranstaltungs- und Messeort **Kursaal hoch 3 1** und noch vieles mehr. Damit hat das Örtchen nun einiges mehr zu bieten als zuvor.

**Zurück zur Idylle?**
Nebenan erhebt sich nun ein riesiges Gosch-Restaurant, ein Fischpalast mit

*Die Wenningstedter nutzen ihr Gotteshaus am Dorfteich nicht nur für fromme Andacht. Bei den Sommerkonzerten in der Friesenkapelle geben statt des Pastors Sänger und Musiker den Ton an. Halleluja!*

Blick aufs Meer. Toll ist die 10 m breite, moderne Treppe mit Aussichtsplattform, die hier gen Strand führt. Extrabonus: Eine Rutsche erspart Kindern einige Treppenstufen. Diese Ecke hat das Potenzial, ein Ort zu werden, wo man wieder – das Fischbrötchen in der Hand – auf die Nordsee blickt …

### Am Dorfteich wird's fotogen …

Wenningstedt kann mit einem kleinen, aber feinen Dorfkern aufwarten. Um den Dorfteich herum, den auch Hochzeitsfotografen gerne als romantische Kulisse nutzen, finden sich alte Häuser mit schönen Reetdächern. Überragt werden sie von der **Friesenkapelle** **2** (Am Dorfteich, im Sommer Kirchenkonzerte). Bis 1914 führte der Kirchgang die Wenningstedter nicht bis nach Westerland. Die Zeiten sind nun längst vorbei, heute kommen die kirchenlosen Kampener an den Teich. Im eher schlicht gehaltenen Inneren sind das Kreuz aus Kacheln und das »Vaterunser« auf Friesisch links über der Kanzel ein Hingucker. Gleich gegenüber der Friesenkirche steht das Haus der

Walfängerfamilie Teunis. Smartphone parat halten: Die Tür aus dem Jahr 1786 ist eines der populärsten Fotomotive von Sylt. Aufgrund seines Alters verschwindet das Haus hin und wieder hinter einem Baugerüst.

### Fabel von Finn

Einst versammelten sich am **Hünengrab Denghoog** **3** die Zwerge, die Sylt in grauer Vorzeit besiedelten. Im Inneren stand der Thron von Finn, dem König des kleinen Volkes. Nach der großen Schlacht zwischen den Zwergen und den Syltern unterlagen die Kleineren und Finn wurde in der Grabkammer bestattet. Glauben Sie nicht? Vielleicht haben Sie Recht, denn so richtig belegen konnte die Geschichte bisher niemand. Was man aber sicher weiß, ist Folgendes: Die Steinzeitmenschen hievten einen 40 Zentner schweren Deckstein auf zwölf Tragsteine und nutzten diesen riesigen ›Tisch‹ als Gerichtsort. In die heute 5000 Jahre alten Gräber legten sie Beigaben wie Rinderzähne. Da niemand zu erklären wusste, wie Menschen so einen schweren Stein bewegen konn-

Nordsee

ten, schloss man kurzerhand darauf, dass die Baumeister Riesen (Hünen) gewesen sein mussten. So entstand der Name Hünengrab. Denghoog ist das am besten erhaltene Megalithgrab in Schleswig-Holstein. Seit August 2021 kann es endlich wieder besucht werden (Am Denghoog, hinter der Friesenkapelle, T 0170 697 16 87 oder 04651 57 69, www.soelring-museen.de/steinzeit grab-denghoog/, Ostern–Okt. Mo–Fr 10–17 Uhr, Erw. 4 €, mit Gästekarte 2,50 €, Kinder ab sechs Jahren 1,50 €).

## SCHLEMMEN, SHOPPEN, SCHLAFEN

### In fremden Betten

In Wenningstedt reihen sich Ferienhäuser und Pensionen aneinander. Allen gemein ist eine familienfreundliche Ausrichtung.

## Familienglück
### Hotel & Restaurant Petit Robby
Frisch renoviert sind die Zimmer, die Herzlichkeit ist die alte geblieben. Zentral gelegen, ruhig, mit Kinderspielschiff und großem Sandkasten für die Lütten. Westerlandstr. 39, T 04651 299 22 08, €€

## Das nennt sich Urlaub!
### Fitschen am Dorfteich
Simple-but-chic-Doppelzimmer und ebensolche Suiten als temporäres Zuhause auf Sylt. Entspannt inmitten friesischen Lebens im Garten am Teich sitzen und dabei schwäbisch-friesische Gerichte mit badischem Wein genießen. Am Dorfteich 2, T 04651 321 20, www.fitschen-am-dorfteich.de, 3 DZ und 5 Suiten, €€–€€€, Restaurant Mi–Mo ab 12 Uhr, €€€

## Unter Freunden
### Campingplatz Wenningstedt

### Sehenswert
1 Haus am Kliff
2 Friesenkapelle
3 Hünengrab Denghoog

### In fremden Betten
1 Hotel & Restaurant Petit Robby
2 Fitschen am Dorfteich
3 Campingplatz Wenningstedt

### Satt & glücklich
1 Onkel Johnny's Strandwirtschaft
2 Pottkieker
3 iismeer Sylt

### Stöbern & entdecken
1 irena A.
2 Flohmarkt

### Wenn die Nacht beginnt
1 Lässig

### Sport & Aktivitäten
1 Kursaal hoch 3
2 FKK-Strand
3 Weststrand
4 JOJO E-Bike Sylt
5 Südkap Surfing
6 Sylt4Fun
7 InselCircus

---

Meine Unterkunft beim ersten Besuch auf Sylt – und bis heute immer wieder schön: Mitten in der Dünenlandschaft liegt im Norden Wenningstedts der Campingplatz versteckt, das Meer ist in Hör- und Riechweite.

Osetal 3, T 04651 94 40 04, www.campingplatz.wenningstedt.de, Ostern–Ende Okt., €

......................................................

 **Satt & glücklich**

### Chillen am Strand
#### Onkel Johnny's Strandwirtschaft 1
Wo einst das Wonnemeyer zur Currywurst mit Pommes Frites einlud, befindet sich nun ein neuer, kleinerer Strandkiosk direkt am Meer. Morgens mit einem heißem Kaffee in der Hand auf die Wellen blicken oder abends mit einem kühlen Blonden. Zudem servieren die Sylter Brüder Andreas und Oliver leckere Fischgerichte.

Am Strand 1, T 0170 900 91 95, www.onkel johnny-sylt.de, tgl. 12–20 Uhr, €

### Bistro und Weine
#### Pottkieker 2
In der offenen Showküche kann man dem Grillmeister beim Burgerbraten zuschauen und sich dann draußen in kuscheligen Lammfellen auf den Bänken noch einen leckeren deutschen Wein gönnen.

Seestr. 29, T 04651 995 67 69, www.ivound co-bistro.de, Mo–So ab 12 Uhr, €€

### Eiskalte Erfrischung
#### iismeer Sylt 3
BBQ am Feuertisch zum Selbergrillen und Bio-Eis mit Blick auf die Nordsee! Zum Sonnenuntergang empfiehlt sich ein ›Three Hunters‹ – einer der leckersten Cocktails im iismeer.

Im Haus am Kliff, Strandstr. 25, T 04651 957 27 19, www.iismeer.de, tgl. 11 Uhr–Open End, €–€€

# # 2

# Der Himmel so weit – Uwe-Düne und Rotes Kliff

**»Wenn man ans Meer kommt, soll man zu schweigen beginnen …«, dichtete Lyriker Erich Fried. Der Weg mitten durch die Dünenlandschaft auf dem Roten Kliff ist sicher einer der schönsten Inselpfade. Über Holzbohlen führt er im kurvigen Auf und Ab bis zur Uwe-Düne. Die berauschenden Ausblicke auf das tosende Meer rauben einem die Sprache.**

Sie könnten von Wenningstedt aus starten, aber auch eine kürzere Strecke wählen. Der Bohlenweg durch die Dünen stellt sicher, dass das 177 ha große Naturschutzgebiet weiterhin erhalten bleibt. Vor etwa 7000 Jahren entstand die Abbruchkante des gewaltigen Kliffs. Die einst ansteigende Geestkante wandelte sich zu dieser Zeit durch die gewaltige Meeresbrandung zur Steilküste.

Rotes Kliff – der Name ist Programm. Schimmert es tagsüber in gelblich-roten Tönen, erstrahlt es bei Sonnenuntergang in schönstem Rot. Der Farbton entstand durch die Oxidation eisenhaltiger Bestandteile. Geologen vermuteten lange einen Zusammenhang zwischen Helgoland und Sylt, der sich aber nicht bestätigen ließ. Die Helgoländer Felsen sind älter, das 4 km lange Rote Kliff ist mit seinen 120 000 Jahren aber auch nicht mehr das Jüngste.

Seefahrern war das Rote Kliff erstes Zeichen, wieder in heimatlichen Gefilden zu sein.

## Da steht der Uwe

Am Ende des Bohlenwegs auf dem Kliff erreichen Sie die höchste Erhebung von Sylt: die Uwe-Düne. Der Insulaner ganzer Stolz misst 52,50 m. 109 Holzstufen müssen erklommen werden, um auf die Aussichtsplattform zu gelangen. Einst eine Wanderdüne, wird Uwe heute mit Stroh, Strandhafer und Reisig am Platz gehalten.

### HINKEL-STEIN

Von der Uwe-Düne aus über die Kurhausstraße nach Norden kommen Sie zur ›Sturmhaube‹. Hier steht am Strandübergang auf dem Parkplatz ein Gneis-Findling von 3,50 m Höhe und stolzen 20 t Gewicht. 2005 wurde er am Strand von Kampen geborgen und darf sich hier seither von seiner besten Seite zeigen.

*Früher freuten sich heimkehrende Seefahrer, wenn sie das Rote Kliff erblickten. Heute ergeht es den Feriengästen so: Urlaub in Sicht!*

Bei guter Witterung bietet sich von der Aussichtsplattform eine wunderbare Sicht gen Norden die Küste entlang bis hin zu den Dünen in Listland. Gen Osten öffnet sich der Blick auf das Wattenmeer auf der anderen Inselseite. Die vielen Reetdächer in Kampen fallen ins Auge. Ein Hoch auf die Auflage von 1913: Jedes Haus des Ortes muss reetgedeckt sein – inklusive Häuschen an der Bushaltestelle.

## Und was ist nun mit dem Namen?

Benannt ist die Uwe-Düne nach dem Freiheitskämpfer Uwe Jens Lornsen. 1793 in Keitum geboren, widmete er sich als Regierungsbeamter seiner Vision eines von der dänischen Krone unabhängigen Schleswig-Holsteins. Nach acht Jahren im Staatsdienst kehrte er als Landvogt nach Sylt zurück, schrieb seine revolutionäre Schrift »Über das Verfassungswerk in Schleswigholstein« und verbüßte dafür prompt ein Jahr Haft.

Im Jahr 1833 wanderte er nach Rio de Janeiro aus, verfasste dort »Die Unions-Verfassung Dänemarks und Schleswig-Holsteins«, verfiel in Depressionen und beging schließlich Selbstmord. Ein bewegtes Leben für eine starke Idee. Die Benennung der größten Düne der Insel nach ihm und der Gedenkstein am Altfriesischen Haus in Keitum zeigen die Verehrung der Sylter für den Freiheitskämpfer.

LECKERES MIT BLICK AUFS MEER ...

**Onkel Johnny's Strandwirtschaft ❶:** Friesisch entspannt und mit gutem Fisch kann man im ehemaligen Strandkiosk von Wonnemeyer wunderbar das Meer bestaunen (▶ S. 31).

### Stöbern & entdecken

#### Alles in einem
**irena A.**

Sportlich-schick bis kuschelig-warm ist die Auswahl im irena A. Die kleine Schwester des alteingesessenen Modehaus Andresen gibt sich ganz modern.

Haus am Kliff, Strandstr. 25, T 04651 446 37 36, Mo–Sa 10–18, Sa 10–14 Uhr

#### Kleine Schätze
**Flohmarkt** ❷

Alles von stylisch bis kitschig, aber immer lustig! »Komm und kiek« heißt es außerdem von April bis Oktober an jedem zweiten Wochenende.

Jeden Dienstag auf der Wiese am Minigolfplatz, 10–17 Uhr

### Wenn die Nacht beginnt

Im **iismeer Sylt** ❸ (▶ S. 31) lässt's sich auch abends gut aushalten. Sehr empfehlenswert: Einfach länger sitzen bleiben und gemütlich bei Lagerfeueratmosphäre etwas trinken. Das charmante **Lässig im Strandhörn** ☀ (im Strandhörn Hotel, Dünenstr. 20, www.strandhoern.de) kommt im Vergleich dazu etwas gediegener daher, aber das tut den guten Drinks keinen Abbruch.

### Sport & Aktivitäten

#### Beste Unterhaltung
**Kursaal hoch 3** ❶

Ob Shanty-Chor, Klaus Hoffmann, Hennes Bender oder Yakari-Puppenspiel, Entertainment wird hier großgeschrieben. Neben Tanz, Theater, Comedy und Kabarett gibt's im neuen Kursaal auch klassische Konzerte.

Strandstr. 25, T 04651 44 70, www.kursaal3-sylt.de

#### Erfrischung garantiert
Je nach Gusto taucht man am **FKK-Strand** ❷ in Nähe des Ortszentrums in die Wellen oder einige Meter weiter nördlich am **Weststrand** ❸.

*Entschleunigung heißt das Zauberwort: An einem Sommertag im Strandkorb am breiten Strand von Wenningstedt Füße und Seele baumeln lassen.*

### Surrende Räder
**JOJO E-Bike Sylt** ❹
Wenn die steife Brise weht, ist ein E-Bike sicher eine gute Wahl. Wer ein Fahrrad für mehrere Tage ausleiht, bekommt Rabatt!
Berthin-Bleeg-Str. 15, T 04651 200 22 73, www.jojo-ebike.de, tgl. 9–18 Uhr

### Voll im Wind
**Südkap Surfing** ❺
Endlich am Wasser und genügend Zeit, das Surfen zu lernen! Bei Wellengang gibt es Wellen- und Kitekurse, bei Flaute Stand-Up-Paddling und Yoga. Also: Ausreden haben keine Chance! Hopp aufs Board!
Dünenstr. 333b, T 04651 957 03 73, www. suedkap-surfing.de

### Mal so richtig austoben
**Sylt4Fun** ❻
Skaten, slacklinen, bouldern oder doch lieber Trampolin springen? Jung und Alt probieren sich in der fantastischen Funsporthalle aus, spielen und toben an Kletterwänden, Pumptrack und mehr. Im Winter eine Schlittschuhbahn.
Funsporthalle (mit In- und Outdoorbereich), Norderweg 3, ganzjährig geöffnet; am Strandübergang Risgab/Dünenstraße, T 04651 44 70, www.wenningstedt.de, saisonal und wetterbedingte Öffnungszeiten, meistens wochentags ab 12 Uhr, Eintritt frei, Trampolin 2,50 €/8 Min.

### Was für ein Zirkus!
**InselCircus** ❼
Im Juli und August gastiert in Wenningstedt der InselCircus, bei dem Kinder selbst die Stars in der Manege sind. Eine Woche lang können die Sprösslinge verschiedenen Alters – liebevoll betreut – selbst zu Artisten werden und am Freitag abschließend in einer tollen Show den Eltern präsentieren, was sie die Woche über gelernt haben. Für komplett zirkusverrückte Kinder gibt es das Zirkushotel, in dem die Kinder eine Woche lang im Zirkus leben und von A wie Akrobatik bis Z wie Zuckerwatte verkaufen alles kennenlernen, was zum wahren Zirkusleben dazugehört. Manege frei!
T 04651 29 94 99, www.inselcircus.de/sylt

Kurze Dünenkunde im Dünenreich Wenningstedt … Gewaltige Sandmassen, die vom Meer durch starke Winde an die Küste geschoben wurden, bildeten einst die Dünen. Seit über 2000 Jahren ist damit auf der Insel jedoch Schluss. Nach der Zeit der Landbildung folgte die Zeit der Landverluste – bis heute. Wind und Wasser nagen unaufhörlich an der Substanz der Insel. Die Dünen sind ihr empfindlichster Teil und können den angreifenden Fluten nur wenig Widerstand bieten. Nur eine geschlossene Pflanzendecke bindet den Sand. An Kahlstellen greift sofort der Wind an: Die Düne beginnt zu wandern.

### INFOS
**Kurabgabe:** 3 €
**Tourismus-Service:** Strandstr. 25 (im Haus am Kliff), T 04651 44 70, April–Sept. Mo–Fr 9–17, Sa 10–14, Juli/Aug. auch So und Fei 10–13 Uhr

### TERMINE
**Hundstage:** März und Nov. Alles dreht sich um den besten vierbeinigen Freund des Menschen.
**Dorfteichfest:** Letzter Samstag im Juli. Miteinander schnacken und schnabulieren, also ein schönes Dorffest.
**Insel Circus:** Juli/Aug. Eine Institution für alle, die Zirkusluft schnuppern wollen.
**Kliffmeile:** Ab 28. Dezember wird bereits gefeiert, nämlich die längste Silvesterparty im Norden.
**Neujahrsbaden:** Neujahr. Nach durchtanzter Silvesternacht springen in Wenningstedt so einige in die Nordsee, um das neue Jahr zu begrüßen. Eine extreme Maßnahme zum wieder wach werden.

---

### BIIKEBRENNEN

Das Frühlingsfest der Friesen ist heidnischen Ursprungs. Das Wort ›Biiken‹ kommt von ›Baken‹ (Feuerzeichen). Die ersten Feuer leuchteten zu Ehren des Germanengottes Weda oder Wodan, des obersten Kriegsgottes der alten Friesen. Nach der Christianisierung wurde das heidnische Fest mit dem Petritag am 22. Februa- verbunden, der Tag, an dem Petrus den Bischofsstuhl in Rom bestiegen haben soll. Seit dem frühen 17. Jh. waren die Biikefeuer ein Abschiedsgruß für die Seefahrer und kündeten vom Beginn der Walfangsaison. Heute werden die meterhohen Scheiterhaufen aus Reisig, Strandgut und Weihnachtsbäumen zusammen mit einer Stoffpuppe in allen Orten entzündet. Anschließend beginnt das eigentliche Fest mit Grünkohl, Schweinebacke und jeder Menge Alkohol. In der Nacht wird getanzt und am nächsten Morgen, am Petritag, ist schulfrei. In allen Orten findet auch Kindertanz statt.
21. Feb., www.biike.de

---

# Kampen  🗺 D 4

**Lange eilte Kampen ein zweifelhafter Ruf voraus. Bekannt geworden ist es als das Dorf mit den höchsten Immobilienpreisen – gleiches gilt für Restaurants und Hotels, von den Boutiquen ganz zu schweigen. Immerhin scheint die Zeit der Edelprolls vorbei, die in Angebermanier ihre teuren Karossen den Strönwai hoch und runter steuerten und sich nackt Champagner am FKK-Strand reinschütteten. Was bleibt, ist ein sehr schickes, teures, aber wahnsinnig schönes Dorf in toller Landschaft und mit Künstlervergangenheit.**

### WAS TUN IN KAMPEN?

#### Wie steht's um die Kunst, Kampen?
Vor 100 Jahren waren sie da, die Künstler, die Erholung suchten und mit ihrem lockeren Lebensstil die Insulaner erschreckten. Avenarius und Suhrkamp waren unter den Ersten, Max Frisch und Valeska Gert und viele mehr möbelten später den Laden ganz schön auf. Klar, dass mittlerweile aller Ärger vergangenheit ist und die Kunstschaffenden u. a. mit einem Künstlerpfad in Ehren gehalten werden (▶ S. 40). Drum

bleibt Kampen ein Ort für Kunstliebhaber. Vielleicht ist das auch der Grund für die bemerkenswerte Dichte an **Galerien** im 600-Seelen-Ort. Auch im **Kaamp-Hüs** `1` finden u. a. im Foyer und in weiteren Räumen wechselnde Ausstellungen von Insulanern statt (Hauptstr. 12, T 04651 469 80). Außerdem sitzt in dem unübersehbaren Reetdachhaus der **Tourismus-Service**. Augen auf beim Sommerprogramm – Kampen lockt gerne Bestseller-Autoren und tolle Musiker an.

#### Anschauen kostet nichts
Das Straßenbild auf Kampen unterscheidet sich in einem Punkt gewaltig vom Rest der Inseldörfer: Zwischen Strönwai, Uwe-Düne und Hauptstraße gibt es sie zuhauf, die edlen Boutiquen und Juwelierläden großer internationaler Labels – ein wahres Shoppingparadies, jedenfalls sofern man einen prall gefüllten Geldbeutel besitzt. Interessant ist ein Bummel entlang der Geschäfte allemal.

#### Natur im Schweinwerferlicht
Am Ende der Straße Zur **Uwe-Düne** `2` liegt besagte Sandanhäufung, die immerhin 52,50 m misst und sich somit rühmen kann, die höchste Erhebung der Insel zu sein. Von hier hat man einen wundervollen Panoramablick über ganz Sylt. Ebenfalls natürlichen Ursprungs ist ein weiteres von der Natur geschaffenes

Muss bei einem Syltbesuch: Beim Insel-Sightseeing darf das nur wenige Schritte entfernte **Rote Kliff** nicht fehlen. Es erstreckt sich von Kampen bis nach Wenningstedt. Zum Sonnenuntergang hat es seinen großen Auftritt, dann erstrahlt es in warmen Rottönen. Von der Kliffkante schweift der Blick weit übers Meer (▸ S. 32).

### Des Seemanns Segen
Den Bau des großen schwarz-weißen **Leuchtturms Rotes Kliff** (Leuchtturm Kampen) **3** veranlasste 1853 der dänische König Friedrich VII. Einen Leuchtturmwärter gibt es schon lange nicht mehr, heute wird der Turm von Tönning aus automatisch gesteuert. Schon von Weitem grüßt der achteckige Klinkerbau des Leuchtturms **Quermarkenfeuer 4** . Sein Lichtschein warnte ab 1912 Seefahrer vor einer Sandbank. Der Turm mit der schönen Kuppel in den Dünen wurde 1974 wegen neuer Navigationstechniken funktionslos und die Gemeinde übernahm die Restaurierung. Das tut seiner Anhängerschaft unter Fotografen keinen Abbruch.

### Wenn Mauern erzählen könnten …
Nicht weit vom Quermarkenfeuer liegt das **Kliffende 5** nebst einer schönen Aussichtsplattform. Viele Künstlergeschichten ranken sich um dieses Reetdachhaus: Verleger Heinrich Tiedemann baute es 1923 in dieser grandiosen Lage. Viele Jahre lang beherbergte seine Frau, die Schauspielerin Clara Tiedemann, illustre Gäste in ihrer Künstlerpension, darunter Thomas Mann und Max Liebermann. 1955 kaufte eine Bank das Anwesen auf und veräußerte es 1997 wieder für 8 Mio. D-Mark. Zwei Jahre später war das Kliffende – der Name ist wörtlich zu nehmen – vom Orkan Anatol bedroht, der das Land bis auf wenige Meter vorm Haus mit sich riss. Nur mit Hilfe von Küstenschutzmaßnahmen konnte das Kliffende bisher überleben.

### Bewegende Geschichte der ›Burg‹
Im Dorf baute der Architekt Otto Firle 1933 das bombastische Reetdachhaus **Klenderhof 6** mit dem markanten Mittelturm für den Cellisten Max Baldner und dessen Familie. Als 1938 Juden der Aufenthalt auf der Insel verboten wurde, konnte Baldner nicht

*Auf dem Strönwai werden Klischees bedient. Casual Chic, mit dem noblen Täschchen am Arm und dem standesgemäßen Hund an der Leine. Ach ja, und die Einkaufstüte mit dem exklusiven Label darf natürlich nicht fehlen.*

Nordsee

FKK-Strand

Naturschutzgebiet
Nord/Sylt

List

Lister Str.

Grönning

L24

Dikstich        Buür.

Bauhof

Hoogenkamp

Aussichts-
plattform

Hundestrand

Riepestieg

Naturschutzgebiet
Dünenlandschaft auf
dem Roten Kliff

Norder-
heide

Hauptstr.

Norderheide

Krıghooger Wai

Kurhausstr.

Kurhausstr.

Arnikaweg

Hans-Hansen-Wai

Avenarius

Wattweg

Westerweg

Strönwai

Bergentenweg

Mittel-

stg.

Jürgen-Kamp-Wai

Zur Uwe-Düne

Uwe-Düne

52,5 m

Lerchenweg

Reimert-Hansen-Weg

Wuldeweg

Drosselgang Sjip

Wall

Kirchen-
stieg

Alte Dorfstr.

Brunnenweg

Oseweg

Ginster-
weg

Braderuper Weg

Swarte-

Süderweg

Süderweg

Naturschutzgebiet
Dünenlandschaft auf
dem Roten Kliff

Finkenweg

Möwenweg

Wasserwerk

L24

Esling-Wung

Börderstich

Börder Wai

Brönshooger Weg

Wenningstedter Weg

Leuchtturm-
weg

Wenningstedt, Westerland

0                    300 m

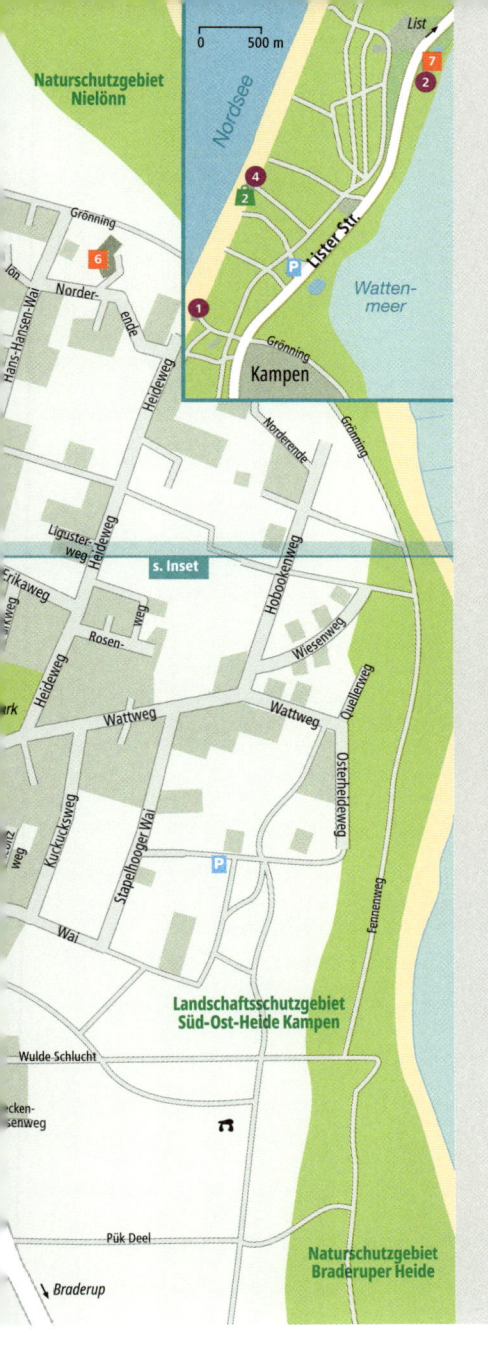

## KAMPEN

### Sehenswert
1. Kamp-Hüs
2. Uwe-Düne
3. Leuchtturm
   Rotes Kliff
4. Quermarkenfeuer
5. Kliffende
6. Klenderhof
7. Vogelkoje

### In fremden Betten
1. Haus Rechel
2. Hotel Rungholt
3. Campingplatz
   Kampen

### Satt & glücklich
1. Kaamps7
2. Vogelkoje
3. Manne Pahl
4. Buhne 16
5. Kaamp-Meren

### Stöbern & entdecken
1. Antiquitäten Meyer
2. Buhtique
3. Galerie Falkenstern
   Fine Art
4. Galerie Herold
5. Werkhallen Galerie
   Kampen
6. Galerie Kamp-Hüs
7. Heydorn

### Wenn die Nacht beginnt
1. Pony Club Kampen
2. Club Rotes Kliff

### Sport & Aktivitäten
1. Surf & SUP-Station
2. Kamp'ino Kinderclub

**# 3**

# Künstler, Promis, Millionäre – **Kampen**

**In den goldenen 20ern zog der Ort Kunstschaffende, Intellektuelle und Lebenskünstler scheinbar magisch an, die Aufregung in Kampen garantierten. 40 Jahre später waren die Nackten und Berühmten an der Buhne 16 das Lieblingsthema der Klatschpresse. Bis heute macht Kampen Schlagzeilen als Ort der Z-Promis, der unbezahlbaren Immobilien und zu teuren Drinks.**

»An diesem erschütternden Meere habe ich tief gelebt«, wird Thomas Mann vor dem Haus Kliffende zitiert. Wer durch Kampen schlendert, wird bald auf die bronzenen Gedenktafeln mit Zitaten aufmerksam. Der Künstlerpfad wurde eingerichtet, um an die Kunstschaffenden zu erinnern, die hier Anfang des 20. Jh. Ruhe, Inspiration und Loslösung von gesellschaftlichen Zwängen suchten. Schon über 20 Tafeln sind fertig.

Hermann Hesse, Stefan Zweig, Anatol Buchholz, Valeska Gert – um nur einige berühmte Persönlichkeiten zu nennen, die einstmals dem rauen Charme der Insel und der umwerfenden Umgebung von Kampen erlagen. Seit dem Ende des 19. Jh. zog es mehr und mehr bildende Künstler und Schriftsteller in das kleine friesische Dorf. Sie prägten den Ort hinter den Dünen, ließen sich von der urwüchsigen Natur und dem Rauschen des Meeres inspirieren.

Vor der **Galerie Falkenstern Fine Art** 🛍 (▶ S. 44) liest man ein Zitat des Malers Siegward Sprotte: »Die Kunst ist kein Lückenbüßer, sie ist eine Lebensnotwendigkeit.«

## FKK – ist das wirklich Kultur?

Im Herbst 1876 besuchte Ferdinand Avenarius, seines Zeichens Herausgeber und Schriftsteller, zum ersten Mal die Insel Sylt. Er verliebte sich schlagartig in ein verschlafenes Friesendorf namens Kampen zwischen Dünen und Meer und machte es zu seiner Wahlheimat. Für Kampen brach ein neues Zeitalter an. Mit dem Haus Uhlenkamp baute Avenarius 1903 in Kampen ein schweizerisch angehauchtes Friesenhaus, auf dem eine kupferne Wanne thronte. Hier konnte Avenarius seine Schriftsteller- und Verlegerfreunde zu den ersten schüchternen Versuchen der Freikörperkultur einladen. Gott sei Dank war die Wanne von außen nicht einsehbar, sonst wäre so mancher Dorfbewohner aus dem Staunen nicht mehr herausgekommen.

Ansonsten ersparte Avenarius den Friesen rein gar nichts – dank seiner Begeisterung für das Inseldorf fanden sich bald große Namen wie Carl Zuckmayer in Kampen ein. Und so zog es schnell auch die nach Kampen, die einen Dichter einmal hüllenlos am Strand entdecken wollten.

## Vom Bauerndorf zur Künstlerkolonie

Inspiriert von seiner neuen Heimat, gab Avenarius von Kampen aus die Zeitschrift »Der Kunstwart« heraus. Der Literat bekam seine Tafel auf dem Künstlerpfad an der Stelle, wo das Haus Uhlenkamp einst stand. Zusätzlich wurde 2009 der Dorfpark auf Betreiben des Malers Christian Hinrichs in Avenarius-Park umgetauft.

Kurz nach Avenarius kamen auch Ernst Rowohlt und Peter Suhrkamp. Thomas Mann bezog das Haus Kliffende, wo sich auch Emil Nolde aufhielt. Der notierte: »Wie ein Trunkener lief ich stundenlang den Strand entlang oder durch den flüssigen Sand der Dünen. Es war, als ob die freie Luft, der salzige Geschmack, die tosenden Wogen mich spornten und beglückten.« – Kaum ein Mensch in Deutschland, der nicht von dem Künstlerdorf Kampen gehört hätte.

## Der Schampus fließt in Strömen

Mit den Weltkriegen nahm die sorglose Zeit der Kunstschaffenden ein jähes Ende. Erst in den 1960er-Jahren kam die Prominenz zurück. Jetset-Partys lockten die Reichen und Schönen wie Playboy Gunter Sachs nebst Brigitte Bardot an die Nordsee. Axel Springer flog mit Helikopter ein, Curd Jürgens genoss Champagner am Strand.

1968 wurde Haus Uhlenkamp abgerissen. Die Zeit der Künstler war abgelaufen – Promis, Millionäre und solche, die ihnen nah sein wollten, nahmen ihren Platz ein.

*Am Strand von Kampen auf berühmten Spuren wandeln: 1927 war Thomas Mann mit Familie da.*

INFOS

**Führungen** bietet der Kampener Künstler Thomas Landt an (www.thomaslandt.de, April–Dez., Di und Do, 11 Uhr am Kamp-Hüs **1**, Dauer 2 Std., Karte 15 €). Mehr Infos unter: www.kampen.de/kampen-entdecken/kunst-kultur/kampener-kunstpfad.

*Einfach nur in lässiger Atmosphäre nett schnacken: In der Buhne 16 darf man beim Latte Macchiato das Motto ›Sehen und gesehen werden‹ getrost vergessen und entspannen.*

mehr zum Klenderhof reisen, der in der Reichspogromnacht gestürmt wurde. Später kaufte Axel Springer das 20 000 m² große Anwesen, woraufhin es den noch heute geläufigen Namen ›Springer-Burg‹ bekam. 1973 brannte die ›Burg‹ ab, Springer restaurierte das Haus, verkaufte es aber 1982. Nach mehrmaligem Besitzerwechsel gehört das Luxusobjekt heute einem Schweizer Unternehmer, der den Klenderhof für 20 Mio. gekauft haben soll und ihn als exklusives ›Privathotel‹ nutzt.

### Auf der Jagd nach Ruhe

Wer nicht weiß, was sich hinter dem Namen **Vogelkoje** 7 verbirgt, geht automatisch von etwas kuschelig Schönem aus. ›Koje‹ eben. Leider weit gefehlt. Im Jahr 1767 erteilte der dänische König Christian VII. die Konzession für diese Fanganlage von Wildenten. Bis zur Stilllegung 1927 wurden um die 700 000 Tiere gefangen. 1935 dann eine positive Wende: Die Vogelkoje wurde zum Naturschutzgebiet ernannt. Kaum vorstellbar, dass der Teich einst künstlich angelegt wurde, um mit einem Netz darüber Enten zu fangen. Gezähmte Tiere lockten dann

die wilden Artgenossen durch ein Loch im Netz in die Falle. Mit einer Größe von insgesamt 10 ha können sich heute viele Vogelarten und andere Tiere in dem schönen urwaldähnlichen Areal unbesorgt tummeln. Ein kleiner Lehrpfad führt zu einem Beobachtungsstand am Teich und ein Informationszentrum erläutert die Geschichte der Anlage. Das **Restaurant Vogelkoje**  lockt zum Relaxen auf die Terrasse.

### SCHLEMMEN, SHOPPEN, SCHLAFEN

### 🏠 In fremden Betten

#### Kuschelkoje
#### Haus Rechel 1

Es ist nicht einfach, ein normalpreisiges Zimmer oder gar ein Apartment in Kampen zu ergattern. Um so schöner, im strandnahen Haus Rechel fündig zu werden, das mit niedlich altmodisch eingerichteten, dabei aber nicht angestaubten Zimmern und einem Apartment unterm Reetdach aufwartet. Zwei süße Dackel zählen zum lebenden Inventar.

Kroghooger Wai 3, T 04651 984 90, www.
haus-rechel.de, €€

### Schöne Aussichten
**Hotel Rungholt**
Frei nach dem Motto ›Wenn schon,
denn schon!‹ Rungholt hat für Kampener Verhältnisse gute Preise und hier
bekommen Sie auch was für ihr Geld
geboten. Aus den meisten Zimmern
fällt der Blick auf Dünen und Meer. Die
Einrichtung ist modern, hell, schick und
verbreitet ein gewisses Flair. Einfach
super ist der Wellness- und Spabereich
mit tollen Ausblicken.
Kurhausstr. 35, T 04651 44 80, www.hotel-
rungholt.de, €€€

### Ferien im Möwenweg
**Campingplatz Kampen**
Zwischen Trimm-dich-Wäldchen und
Dünen am südlichen Ortsrand liegt
dieser charmante Campingplatz. Klein,
aber fein mit etwa 130 Stellplätzen.
Nur etwa zehn Gehminuten entfernt
befindet sich der Strand.
Möwenweg 4, T 04651 420 86, www.campen-
in-kampen.de, geöffnet ab 2 Wochen vor Ostern
bis Ende Okt., €

..................................................

### 🍴 Satt & glücklich

Ähnlich wie bei den Unterkünften
verhält es sich bei den Restaurants: Es
gibt nur Hochpreisiges. Viele Gastronomen öffnen lediglich von Ostern bis
Mitte Oktober sowie zur Jahreswende.
Mittlerweile ging in einigen legendären
Locations für immer das Licht aus,
zuletzt im legendären Sauna-Bistro La
Grande Plage direkt am Strand.

### Perfekte Sunset Location
**Kaamps7** ❶
Nach 16 Jahren schloss das Sauna-Bis-
tro direkt am Strand seine Pforten.
Frisch renoviert, ohne Sauna, dafür mit
Lounge eröffnete 2018 das Kaamps7.
Ein Muschel-Avocado-Salat oder gleich
ein Rinderfilet – das Wichtigste bleibt
der Drink in der Hand bei unwiderstehli-
chem Blick aufs Meer.

Riperstieg, T 40651 88 60 78, www.kaamps7.
de, warme Küche tgl. 12–22 Uhr, €€–€€€

### Ein kleiner Garten Eden
**Vogelkoje** ❷
Mit Kaffee und Kuchen sitzt man auf der
Außenterrasse gefühlt mitten im Wald.
Lister Str. 100, 3 km nördlich von Kampen,
T 04651 952 50, www.vogelkoje.de, tgl. Frühstück
10–15, Mittagskarte 12–17, €€

### Schweizer Charme
**Manne Pahl** ❸
Pius Regli, gebürtiger Schweizer, lockte
der Kinofilm »Heißer Sand auf Sylt«
auf die Insel. 1986 eröffnete er das
Manne Pahl und führt es mittlerweile
zusammen mit seiner Tochter Sarah.
Winters wie sommers drängen sich
seine Gäste auf der überdachten,
windgeschützten und beheizten Ter-
rasse, ein Logenplatz, um nichts vom
Treiben in Kampen zu verpassen. Die
Hungrigen finden auf der Speisekarte
Erlösung: Von Wiener Schnitzel über
Matjes bis Ochsencarpaccio oder
Pahl-Burger mit Trüffel-Mayo hat die
einiges zu bieten. Typischer Kampen

Was wird wohl aus Kampen in
2020? Das fragte sich auch die
Gemeinde im gleichnamigen
Workshop und sorgte sich, dass die
Künstlervergangenheit des Ortes
in Vergessenheit geraten könnte.
Daraufhin wurde die Idee des **Kampener Künstlerweins** ins Leben
gerufen. Mittlerweile ist die auf
1000 Flaschen limitierte Auflage natürlich selbst schon ein Kunst- und
Sammelobjekt geworden. Jedes Jahr
wird ein Wein einem Künstler, der
in Kampen gewirkt hat, gewidmet
und eines der Werke auf das Etikett
gedruckt. Ganz schöne Idee, aber
fragen Sie jetzt lieber nicht nach
dem Preis.

Schickimicki-trifft-auf-Bodenständig-keit-Mix. Hier aber in Bestform.
Zur Uwe-Düne 2, T 04651 425 10, www.manne-pahl.de, tgl. 10–1, Küchenpause 17–18 Uhr, €€

### Wir lieben das Meer
#### Buhne 16 ④
*Der* Kampener Strandtreffpunkt und Tummelplatz für einen bunten Mix aus Besuchern, denen eins gemeinsam ist: die Liebe zu Meer und Strand. Wer was trägt oder trinkt, ist hier endlich mal egal. Auf der Website kann man checken, wann die nächsten Events wie ›Surfkino‹ oder Festivals stattfinden.
Listlandstr. 133b, am Strand, T 04651 49 96, www.buhne16.de, März–Okt. tgl. 10 Uhr–Open End, €

### Blau-weißer Wohlfühlort
#### Kaamp-Meren ⑤
Gemütlich-modern mit leckeren Fischgerichten, dazu begeisterte Gastronomen!
Im Kaamp-Hüs, Hauptstr. 12, T 04651 435 00, www.kaamp-meren.de, tgl. ab 12 Uhr, €€€

.........................................................

## 🛍 Stöbern & entdecken

### Edle Schätze
#### Antiquitäten Mayer
Breit gefächertes Angebot: Glas- und Silberobjekte, feiner Schmuck, exquisite Möbelstücke aus Deutschland und Frankreich und Kunst aus dem 19. und 20. Jh.
Braderuper Weg 3, T 04651 836 49 20, tgl. 10–21 Uhr

### Strandfeeling für Zuhause
#### Buhtique ②
Verknallt in die Buhne 16? Kein Problem: Im Shop Buhtique direkt neben dem Strandbistro können Sie von Nudeln bis zum Hoody alles erstehen, was die Erinnerung an Tage am Meer wach hält.
Listlandstr. 133b, am Strand, T 04651 49 96, www.buhne16.de, März–Okt. tgl. ab 10 Uhr

### Kunst von Siegward Sprotte
#### Galerie Falkenstern Fine Art ③
In der Alten Dorfstraße werden in Wechselausstellungen Werke des Sylter Künstlers Siegward Sprotte gezeigt.

Alte Dorfstr. 1, T 04651 424 13, www.falken sternfineart.com/de, März–Okt. Mi–Sa 14–18, So 11–16 Uhr

### Norddeutsche Kunst
#### Galerie Herold ④
Wer die Gemälde des norddeutschen Impressionismus schätzt, ist im lichten Haus Meeresruh richtig.
Braderuper Weg 4, Haus Meeresruh, T 04651 451 35, www.galerie-herold.de, Mai–Okt., Weihnachten–Neujahr Mo–Sa tgl. 11–18 Uhr

### Alles außer gewöhnlich
#### Werkhallen Galerie Kampen ⑤
2018 eröffneten die Werkhallen ihre Galerie. Sie zeigt coole großformatige Fotografien und moderne Kunst.
Braderuper Weg 2, www.werkhallen.net, Mo–Sa 11–18, So 12–17 Uhr

### Abwechslungsreich
#### Galerie im Kamp-Hüs ⑥
▸ S. 36
Hauptstraße 12, T 04651 469 80

### Kuschelige Originale
#### Heydorn ⑦
Wenn Sie mal tiefer in die Tasche greifen möchten, dann sei Ihnen dieser Laden empfohlen. Die Kaschmirpullis werden nach Wunsch farblich gestaltet.
Hauptstr. 15, T 04651 957 53 55, www.heydorn.com, Mo–Sa 11–17 Uhr

.........................................................

## ☀ Wenn die Nacht beginnt

### Die Legende lebt weiter
#### PONY Club Kampen
Der älteste Club Deutschlands ist nach wie vor total in. Bestens gestylt wird hier bis tief in die Nacht gefeiert. Kult!
Strönwai 6, T 04651 421 82, www.pony-kampen.de, Okt.–Ostern Fr/Sa ab 22 Uhr, Ostern–Okt. und Biike, Weihnachten, Silvester tgl. ab 22 Uhr

### Lass krachen
#### Club Rotes Kliff ②
Schmeißt seit 1980 never-ending Parties. Als Mitglied der ›World Finest Clubs‹ gehört Modebewusstsein und Geld in der Tasche hier mit dazu.

*Es gibt Menschen, die nennen Kampen das heimliche Saint-Tropez des Nordens. Sicher sind das solche, die schon mal im Pony Club bis zum Sonnenaufgang eine rauschende Party gefeiert haben.*

Braderuper Weg 3, T 04651 94 41 10, www.
club-rotes-kliff.de, Juni/Sept Do–Sa ab 23,
Juli/Aug tgl. ab 23, Okt–Dez. Fr/Sa ab 23, von
Weihnachten bis Neujahr tgl. ab 23 Uhr

### 🏊 Sport & Aktivitäten

An der Buhne 16 kann **Beachvolley-ball** gespielt werden.

#### Ab aufs Wasser
#### Surf & SUP-Station ❶
Vor dem Kaamps7 baut das INSELKIND im Sommer eine Surf- und Stand-Up-Paddling-Station auf. Kurse für kleine Gruppen oder Einzelunterricht, auch Kinderkurse.
Im INSELKIND-Shop in Westerland bzw. unter T 04651 446 79 77 oder T 04651 01 73 buchen; weitere Infos: https://inselkind.com/surfschule

#### Elternfreie Zone
#### Kampino Kinderclub ❷
Tolles Sommerferienprogramm! Ein Highlight für Zehn- bis 14-Jährige: Teenie-Dancefloors in den Clubs Pony und Rotes Kliff.
Hauptstr. 12, im Kamp-Hüs, T 04651 469 80

### INFOS

**Kurabgabe:** 3,50 €
**Tourismus-Service:** Hauptstr. 12, im Kamp-Hüs, T 04651 469 80, www.kampen.de, Mai–Okt., Weihnachten, Ostern Mo–Fr 9–17, Sa/So 10–13, sonst Mo–Fr 9–16 Uhr
**Busse:** Nach List und Westerland, Fahrpläne: www.svg-busreisen.de

### TERMINE

**Ostern:** Ostersamstag. Eierlauf am Mittag auf dem Strönwai und abends Osterfeuer an der Buhne 16.
**Kampener Musik- und Literatursommer:** Juni–Sept. im Kaamp-Hüs. Mix aus anspruchsvoller Lyrik und leichter Unterhaltungsliteratur, außerdem Konzerte.
**White Dinner Sommer:** Im Sommer am Roten Kliff. Jeder, der weiß gekleidet ist und sein Abendessen mitbringt, darf sich setzen. www.whitedinner.eu
**Longboard-Festival:** Anf. Sept. An Buhne 16 zeigen Longboarder ihr Können.

# Wellness à la Sylt: Strandsaunen

**Was für eine geniale Idee! Gleich vier Strandsaunen über die Insel verteilt bieten Wellness der besonderen Art. Nach dem Saunagang folgt die Abkühlung im wahrlich riesigen Tauchbecken, um anschließend im Sand bei Meeresrauschen zu entspannen. Sylt versteht es, seine Urlauber zu verwöhnen.**

Da behaupte nochmal einer, es wird nie heiß im Norden: Auf 90 °C steigt das Thermometer in den Strandsaunen auf Sylt. Geschwitzt wird in Blockhütten an den FKK-Stränden. Deren Einrichtungen sind mal urig, mal modern, besitzen immer einen persönlichen Touch und vor allem: Bei allen rauscht das Meer vor der Tür.

## Zeigt her eure Saunen!

Genug geschwitzt? Dann den Holzbohlen folgen oder den direkten Weg durch den weißen Sand wählen und in die Nordsee abtauchen. Der Körper dankt es mit rosiger Haut – beim Saunieren wird durch das Heiß-Kalt-Wechselbad die Durchblutung gefördert und die Haut besser mit Nährstoffen versorgt.

Wunderbare Oasen erwarten Sie, ganz egal für welche der vier Saunen Sie sich entscheiden: Überall finden Sie eine unkomplizierte und – im Vergleich zum noblen Wellnesstempel – kostengünstige Art, auf Sylt zu entspannen und Körper und Geist Gutes zu tun.

## Aufguss mit Meerblick!

Im **Listland** ❶, am einsamen Weststrand, stehen gleich drei schöne finnische Saunen in Blockhäusern mit Ruheräumen. Sie sind ideal um loszulassen und den Alltag zu vergessen.

Weiter im Süden, aus dem Fenster der **Strandsauna Rantum** ❷, unweit des Strandübergangs vom Campingplatz, fällt der Blick direkt aufs Meer. Wer sich auf den Weg zum Abkühlen macht, spürt sofort Sand unter den Füßen – die Sauna steht am Strand.

Wellness am Strand

0       5 km

Ellenbogen

Listland
List
❶

Lister Ley

Kampen
Wenning-
stedt
Braderup
Westerland ✈
Tinnum
Keitum

Rantum-
becken   Archsum
❷   Rantum
Morsum
Sylt-Ost

❸

Edumtief

Hörnum

❹ Hörnum
Föhr

Dunsum

*Ein, aus, ein, aus – in den Strandsaunen aufatmen, Stress ablegen, sich eins mit dem Leben fühlen.*

Auch in der modernen finnischen **Strandsauna Samoa** ③ südlich von Rantum gibt ein großes Panoramafenster den Blick frei auf das große Blau. Hier kann man auch in einem Dampfbad schwitzen.

Ganz im Süden der Insel liegt in den Sanddünen von **Hörnum** ④ ebenfalls eine Strandsauna. Ganz egal, ob Sommer oder Winter, am Ende eines Holzstegs haben Saunagänger rund ums Jahr die Wahl zwischen einer finnischen Schwitzhütte oder der kreislaufschonenden Biosauna mit niedrigerer Temperatur in Kombination mit hoher Luftfeuchtigkeit und Farblicht.

**ÜBRIGENS**

In allen Saunen können Sie Saunatücher und Bademäntel gegen eine kleine Gebühr leihen.

**STRANDSAUNEN**
**Listland** ①: Weststrand, T 04651 87 71 74, www.strandsauna.info, April–Okt. tgl. ab 11 Uhr, Tageskarte 32,50 €
**Rantum** ②: Dünengrund 30, Dünenübergang am Campingplatz, T 04651 83 41 86, www.strandsauna.de, Ostern–Mitte Mai, Okt. 11–17, Juni–Sept. 10–18 Uhr, Tageskarte 24,50 €, 2 Std. 9 €, Kinder (bis 12 Jahre) zahlen

nur den halben Preis
**Samoa** ③: Hörnumer Landstr. 70, Rantum, T 04651 221 65, www.strandsauna-samoa.de, April–Okt. 12–18, HS bis 19 Uhr, Tageskarte 35 €, nur mit Reservierung
**Hörnum** ④: Süderende 25, T 04651 88 03 00, www.strandsauna-sylt.com, durchgängig tgl. 12–17 Uhr, Tageskarte 20 €

**Faltplan:** D 2, C 8, C 9, C 12

# Listland

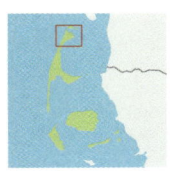

Der Norden ist voller Superlative: nördlichster Leuchtturm, nördlichste Apotheke, nördlichste Fischbude, nördlichste … Es stimmt schon: Die Grenze ist nah, Dänemark nur noch 4 km entfernt. Im Listland sind weit mehr Schafe als Menschen unterwegs. Die Dünenlandschaft mit den Wanderdünen, der endlose einsame Weststrand und das tolle Surfrevier am Königshafen garantieren Urlaubstage voller Ruhe und Meer pur!

# List ⋔ F 2

Am Hafen herrscht eine quirlige
Atmosphäre bei Fischbrötchen und
Krabbencocktail in der Alten Ton-
nenhalle, dem Paradise Sylt oder
im Lister Markt. Schiffe gehen auf
Piratenfahrt oder nehmen Kurs
auf Dänemark. Im Erlebniszentrum
Naturgewalten können Sie testen,
wie sturmerprobt Sie sind. Nehmen
Sie sich Zeit, um einen ausge-
dehnten Spaziergang am Lister
Ellenbogen zu machen. Deutschlands einzige Wanderdünen am
nördlichsten Zipfel des Landes
dürfen Sie zwar nicht erklimmen,
ihnen jedoch gern beim Wandern
zusehen – die Entdeckung der
Langsamkeit sozusagen.

## WAS TUN IN LIST?

### Ein Tag am Hafen
Das Zentrum von List am **Hafen**
hatte schon immer etwas von einem
Rummelplatz. Über 725 Jahre hat der
Hafen schon auf dem Buckel. Das war
ein langer Weg zum Shopping- und
Fischrestaurantparadies. Während
die Besucher Jahr für Jahr am Wasser
köstlichsten Fisch genießen, Segeljach-
ten bestaunen, die Beute der Fischkutter

**Ü ÜBRIGENS**

Listland ist Privatbesitz. Daher wird
hier auch eine Maut (6 €/Pkw) fällig.
Zwei Fischer aus Fanö erhielten es
im 15. Jh. als erbliches Lehen und
errichteten den Westhof und den
Osthof. 1848 wurde das Lehen
in Privateigentum umgewandelt.
Heute gehört es einer dreiköpfigen
Erbengemeinschaft aus den Familien
Diedrichsen und Paulsen.

unter die Lupe nehmen oder mit einem
Ausflugsschiff auf Entdeckungsreise gehen, wird um sie herum am Hafen mehr
und mehr gebaut. Im **Paradise Sylt**
gibt es jetzt endlich das passende Outfit
für Sportbegeisterte und Outdoorfans:
Bench, Billabong, Naketano und Co
locken. Und mit dem **Lister Markt**
weht ein Hauch der noblen Hamptons
nahe New York durch den Hafen.
Shoppingmall und Designhotel inklusive
Restaurant wollen ihren Teil zum Urlau-
ber(shopping)glück beitragen.

### Raus in die Natur – hallo Sahara!
Das Schönste an List ist die Landschaft,
die das 1600 Einwohner zählende Örtchen umgibt. Dünenketten, so weit das
Auge sehen kann, mittendrin die beiden
deutschlandweit einzigen Wanderdünen.
Auf bis zu 35 m Höhe stapelt sich hier
der Dünensand und wandert im Jahr drei
bis zehn Meter weiter. Seit 1923 stehen
die mobilen Sandberge unter Naturschutz
und dürfen nur mit Sondergenehmigung
betreten werden. Bei einer Führung des
**Erlebniszentrums Naturgewalten** 2
können Sie jedoch von der Heide über
Wattwiesen und Wanderdünen bis zum
weißen, meist ruhigen Strand von Listland
alles ertasten, erfragen und bestaunen
(▶ S. 52).

## SCHLEMMEN, SHOPPEN, SCHLAFEN

### 🏠 In fremden Betten

**Mit Hafen- und Meerblick**
**Hotel Easy Living** 1
Im Beachhouse-Style mit Blick aufs
Wattenmeer – und gleichzeitig ist man
nah am Hafen. Die Zimmer sind modern
und lässig eingerichtet. Praktischerweise
befindet sich das Easy in der Anlage
des Lister Markts, in dem sich u. a. auch
Restaurants und Bäcker befinden.
Hafenstr. 2a, T 04651 936 50 50, www.
hotel-easy-living.de, €€

**Mit etwas Glück günstige Specials**
**Hotel Strand am Königshafen** 2

# LIST

# 5

Auf den Fahrten in Richtung der Seehund-kolonien bleiben alle Schiffe auf gebühren-dem Abstand, um die Tiere nicht in Unruhe zu versetzen. Im Erlebnis-zentrum gibt es eine Seehund-Webcam, durch die Sie einen Blick in den Seehundalltag und auch auf die Vogelschutzinsel werfen können.

## Spaß an Wissen-schaft – **Erlebniszen-trum Naturgewalten**

**Wie entsteht Brandung? Wann kommt es zu Sturmfluten? Warum gibt es Ebbe und Flut? Fragen über Fragen, die im Erlebniszentrum Naturgewalten in List eindrucksvoll und anschaulich beantwortet werden. Hier können Sie nämlich kurzerhand Sylt fluten, sich im Sturmraum verschiedenen Windstärken stellen und im Wasserkanal bestimmen, wie hoch die Wellen schlagen.**

Mit viel Liebe zum Detail präsentiert das **Erlebniszentrum Naturgewalten**  auf einer Ausstellungsfläche von 1500 m² drei Rundgänge zu den Themen Klima, Wetter, Leben mit Naturgewalten und Kräfte der Nordsee. Ausgerüstet mit einem Audioguide (auch auf Englisch und Dänisch sowie in einer speziellen Version für Kinder), den man an den jeweiligen Stationen anschließt, kann jeder für sich auswählen, wann er wie viel erfahren will. Jeder Rundgang beinhaltet auch Spiele für Kleinkinder sowie filmisch aufbereitete Themen für Jugendliche und interaktive Angebote. Auf der Dachterrasse bietet ein Fernrohr Sicht auf Dänemark und mit etwas Glück manchmal auch auf Seehunde.

### Wer, wie, was? Wieso, weshalb, warum?

Ideenreich werden hier ernste und wissenschaftlich komplizierte Themen angegangen. Drehbare Würfel mit einem Frage-Antwort-Spiel hängen an den Wänden, auf Monitoren wollen Jugendliche wissen, ob Kühen an schwarzen Flecken eigentlich wärmer ist als an weißen. Im Klimakino nebenan laufen Filme wie Al Gores »Eine unbequeme Wahrheit« und »The day after tomorrow«, die von prominenten Klimaforschern reflektiert werden. Einen Raum weiter wird geklärt, was Mitarbeiter des Alfred-Wegener-Instituts eigentlich genau tun, wenn sie sagen, sie forschen am Nordpol.

Für die Kleinen gibt es Spiele ganz auf Augenhöhe. In einem abgedunkelten Raum können

*Naturgewalten versetzen uns in Erstaunen, manchmal in Schrecken. Wer Meer verstehen will, findet im Erlebniszentrum Naturgewalten Antworten*

mit Schwarzlicht Tiere im Finsteren aufgespürt werden. An anderer Stelle findet man sich unterm Watt wieder, um den spannenden Fragen nachzugehen: Wie leben eigentlich Wattwürmer? Und warum ist es nicht gut, wenn Tierarten aus anderen Regionen der Welt eingeschleppt werden?

Auf einer kleinen Karte können die letzten Walsichtungen notiert werden und an einem Touchscreen kann sich jeder im Walesichten testen. Dabei erkennt man, dass die großen Tiere deutlich schneller sind, als vielleicht vermutet.

Eine Projektion zeigt, wie rasch Sylt versinken würde, wenn es keine entsprechenden Küstenschutzmaßnahmen gäbe. In Filmausschnitten berichten Zeitzeugen von Sturmfluten und im Sturmraum können Sie sich gefahrlos in den Wind stellen: Wie stark ist der Wind, wenn von einem Sturm die Rede ist? Am Wasserkanal kann der Wind reguliert und getestet werden, wie hoch die Wellen schlagen. Tief in die faszinierende Welt des Wattenmeers können Groß und Klein im neuen Syltdome – dem 360°-Kino des Zentrums – eintauchen.

Am Ende eines jeden Rundgangs sind Denkzellen aufgebaut, wo weitere Aspekte der Umwelt hinterfragt werden, mal ironisch, mal literarisch, mal ernst. Wer die Inselnatur nun auch live erleben möchte, kann sich einer der Führungen ins Watt oder über die Dünen anschließen.

INFOS/ÖFFNUNGSZEITEN
**Erlebniszentrum Naturgewalten** **2**:
Hafenstr. 37, T 04651 83 61 90, www.naturgewalten-sylt.de, tgl. 10–18, Juli/Aug. tgl. 10–19 Uhr, Erw. 16 €, Kinder 10 €, Familienkarte 45 €, mit großzügigem Außenspielplatz und Touchpool für Kinder. Bistro im Haus!

**Faltplan: F 2 | Cityplan: S. 51**

*Im 19. Jh. noch erlaubt: Landratten auf Inselurlaub genießen die Sommerfrische in den Dünen, wie diese historische Aufnahme zeigt.*

Schon die moderne Architektur aus Holz und die zum Meer ausgerichteten großen Fenster mit Balkonen machen Lust auf Urlaub. Die Zimmer sind großzügig, das Interieur ist elegant bis cool. Tolles Frühstücksbuffet!
Hafenstr. 41, T 04651 88 97 50, www.hotel-strand-sylt.de, €€–€€€

### Kinderfreundlich und günstig
**Jugendherberge List-Mövenberg**
Ja, zugegeben, eine Jugendherberge mit 403 Betten in Ein- und Sechs-Bett-Zimmern, Familienräumen und Doppelzimmern. Aber günstiger kann man auf Sylt nicht wohnen! Mitten im Naturschutzgebiet, eigener bewachter Strand. Mit 397 Betten in Ein- bis Fünfbettzimmern.
Mövenberg, T 04651 87 03 97, list.jugendherberge.de, €

### Meeresrauschen inklusive
**Üthörn** **4**
Wer die Einsamkeit des Sylter Nordens länger genießen oder ausgiebigst kiten und surfen möchte, kann sich hier einmieten: Familie Diedrichsen betreibt an der Spitze des Ellenbogens in zwei Gebäuden der ehemaligen Austernzuchtstation die nördlichsten Ferienwohnungen Deutschlands. Watt, Brandung, Dünen und ein endlos scheinender Himmel – hier tankt man neue Energie!
Ellenbogen, T 04651 87 02 18, www.uethoern.de, €€

Deutschlands einzige Austernzucht befindet sich seit 1986 in der Blidselbucht bei List. ›Sylter Royal‹ heißen die Delikatessen, die Familie Dittmeyer hier kultiviert. Auf Sylter Tische kommen die ›Royals‹ schon lange – von hier stammen sie. Echt regional!

🍴 **Satt & glücklich**

### Die Küchen der Meere
**The Fish Club im A-ROSA Hotel** **1**
Elegant und gleichzeitig lässig, coole Musik und sagenhaftes Sushi – sind

wir hier schon auf Ibiza oder noch auf Sylt? Das neue Fischrestaurant von List ist eine gelungene Abwechslung zum bodenständigen Gosch. Perfekt zum Ankommen auf Sylt.
Listlandstr. 11, T 04651 967 508 34, www.fishclub-sylt.de, Di–Sa 18–21.30 Uhr, €€€

### Wahrhaft königlich
**Königshafen** ❷
Junges Team trifft auf Großmutters Ambiente: Hausmannskost und Spezialitäten in der fünften Generation – das schmeckt!
Alte Dorfstr. 1, T 04651 87 04 46, www.koenigshafen.de, tgl. 17.30–22 Uhr, Mittagstisch Fr–So 11.30–14.30 Uhr, €€€

### Eine Sylter Institution
**Fisch bei Gosch** ❸
Angefangen hat alles mit der nördlichsten Fischbude Deutschlands in List. Hier verkaufte Jürgen Gosch Fisch auf unkonventionelle Art: im Brötchen, am Spieß, gebraten oder in pikanter Sauce. Dazu gab's ordentlichen, dennoch preiswerten Wein und natürlich Schampus, Bier, Selters und Glühwein mit Schuss. Schnell entwickelte sich diese Adresse zum Muss für jeden Syltbesucher. Die Bude – in erweiterter Form – gibt's immer noch, neben der Alten Bootshalle. Ob Fisch, Krabben, Muscheln oder Austern – alles wird frisch nach altbewährten, traditionellen Rezepten zubereitet. Etwas ruhiger geht es im **Lister Fischhaus Gosch** in der Hafenstraße 16 zu.
Am Hafen, T 04651 87 03 83, tgl. im Sommer 11–Open End, sonst 12–21 Uhr, €€

### Sylter Royal
**Dittmeyer's Austern-Compagnie** ❹
Austern direkt vom Erzeuger mit Blick auf das Meerwasserbecken.
Hafenstr. 10–12, T 04651 87 75 25, www.sylter-royal.de, im Sommer tgl. 11.30–22, im Winter 11.30–20 Uhr, €

### Zum Reinsetzen!
**Voigts Alte Backstube** ❺
Aus über 60 Pfannkuchen-Varianten, begleitet von knackigen Salaten oder frischen Früchten, hat man die Qual der Wahl, um dann seinen Favoriten auf der gemütlichen Terrasse zu genießen.
Süderhörn 2, T 04651 87 05 12, www.altebackstube.de, tgl. 12–21 Uhr (Küche), Nov.–Juni Mi Ruhetag, €–€€

### Bestes Eis der Insel
**Sylter Eismanufaktur** ❻
Der wohl am niedlichsten eingerichtete Eisladen der Insel. Leckeres selbstgemachtes Eis, dazu erstklassiger Kaffee.
Dünenstr. 3, T 04651 835 68 10, www.sylter-eismanufaktur.de, tgl. 11–18 Uhr, €

### Locker und freundlich
**Wonnemeyer am Strand** ❼
Nordische Gemütlichkeit: Der lockere Charme des Wenningstedter Restaurants gepaart mit Fischspezialitäten und einem Hauch Mediterranasiatischem wird auch die Lister Urlauber begeistern. Mit Strandausgabe für Getränke und Snacks.
Ellenbogen 3, T 04651 87 02 66, www.wonnemeyer.de, Mi–Mo 12–21 Uhr, €

··········································

### 🛍 Stöbern & entdecken

### Kunst aus Stein
**Skulpturengalerie** ❶
Die aus Stein gemeißelten Skulpturen aus Simbabwe haben ihren Preis: 2500 –5000 €. Aber Anschauen kostet ja nix!
Hafenstr. 7, T 04651 87 10 09, www.sgsylt.de, Ostern–Nov. Di–Fr, So 14–18 Uhr

### Nicht nur für Wellenreiter
**Paradise Customs** ❷
Alles, was das Surferherz höherschlagen lässt. Dazu eine endlose Auswahl an Sylt-Shirts, Jacken, Jeans und sportlicher Mode von North Face bis Naketano.
Am Hafen 8–10, T 04651 88 90 50, www.paradise-sylt.de, Mo–Sa 10–19, So 11–17 Uhr

### Sylter Strandfunde
**Dünenstrauß** ❸
Bo verarbeitet in seiner Werkstatt alles, was er auf Spaziergängen am Lister Strand an angespültem Holz findet. Tolle Stücke!
Dünenstr. 1b, T 04651 338 19 89, www.duenenstrauss.de, Mo–Sa 12–18 Uhr

# 6

## Wer hat das Meer geklaut? – **Im Watt**

**Hosenbeine hochkrempeln, raus aus den Schuhen und – schmatz – da stecken Sie schon mittendrin im matschigen Watt. Willkommen in diesem Mikrokosmos: Bis zu 100 000 Wattschnecken, 20 000 Herzmuscheln und 50 Wattwürmer können in einem Quadratmeter Watt leben – direkt unter Ihren Füßen!**

Unvorstellbar, wie dicht dieser Lebensraum entlang der Nordsee besiedelt ist. Kein Wunder, dass der gesamte 450 km lange Küstensaum vom dänischen Esbjerg bis zum holländischen Den Helder von der UNESCO zum Weltnaturerbe erklärt wurde. Sylt liegt zudem im schleswig-holsteinischen Teil des Nationalparks Wattenmeer. Die Gezeiten prägen das Watt, fluten es alle sechs Stunden und legen es wieder trocken. Dabei fließt das Wasser durch die Priele, schmale Wasserläufe im Watt, bei Flut heran und bei Ebbe wieder ab. Zurück bleibt ein Gemisch aus Salzwasser und extrem feinem Sand, dem Schlick.

### Pfützen und Matsch

Was passiert, wenn sich das Meer zurückzieht, den Meeresboden freigibt? Etwas Wasser glitzert noch auf dem von einem Netz aus Prielen durchzogenen Schlick, aber dass es gefährlich sein könnte, hier zu verweilen, würde man nicht sofort vermuten. Und doch bleibt nur wenig Zeit, um das Watt zu durchwaten und zu erforschen. In Muscheln, von denen Sie bisher nur das Gehäuse kannten, wohnen hier noch zwischen zwei geschlossenen Schalen die weichen Bewohner. Achten Sie darauf, wenn Sie sich ihnen nähern: Die Herzmuschel ›denkt‹, Sie könnten ein Vogel sein, und gräbt sich eilig in den Boden ein. Anders die Miesmuschel: Sie lebt oberirdisch und tut sich mit Artgenossen zu Muschelbänken zusammen. Immer häufiger setzt sich die pazifische Auster an ihr fest und erdrückt die Miesmuschel dabei.

---

### W
**WANDE-RUNG**

Einen Ausflug ins Watt sollten Sie sich nicht entgehen lassen – aber nehmen Sie bitte an einer geführten Wanderung teil! Zu häufig haben sich Besucher schon in der Zeit vertan, den tiefen Schlick unterschätzt und sind dann von der heranrauschenden Flut überrascht worden.

*Bei Ebbe zieht es Muschelsucher und Wattwurmlieb-
haber ins Watt. Deutschlands einzige Austernzüchter
sind dann auch unterwegs, um die begehrte Delikatesse zu ernten.*

▶ **LESESTOFF**

Andrea Reitmeyer: **Emily
und das Meer,** Jumbo
2012. Hübsch illustrier-
tes Bilderbuch, das auf
Hoch- und Plattdeutsch
anschaulich erklärt, wie
das so funktioniert mit
Ebbe und Flut.

Auf dem Watt zeichnet sich ein Muster kleiner
Spaghettis aus Sand ab. Das sind die Spuren der
Wattwürmer, genauer gesagt Wattwurmkot. Die
Natur hat sich für die Tierchen etwas Schlaues
einfallen lassen: Sollte eine Möwe nach ihnen
schnappen, kann der Wattwurm den hinteren Teil
lösen und so überleben. Zurück bleibt das Hin-
terteil samt Inhalt. Ähnliches beherrscht auch die
Krabbe: den Verlust einzelner Beine verschmerzt
sie, da sie einzelne Gliedmaße ›ausklinken‹ kann.
Sie sehen schon, Vögel wie Austernfischer und
Möwen sind die größte Gefahr für die Watt-
bewohner, zumindest bei Ebbe.

Diese einzigartige Landschaft, die vom Wechsel der Gezeiten lebt, erscheint auf den ersten
Blick vielleicht wie eine leblose graue Schlickwüs-
te, doch die Lebensvielfalt ist außergewöhnlich:
Auf nur einem Quadratmeter leben bis zu 2 Mio.
Organismen – Krebse, Muscheln, Würmer, Algen
und viele mehr haben im Watt einen Lebensraum
gefunden. Dank der prall gefüllten ›Speisekarte‹
fühlen sich auch Vögel hier besonders wohl.
So ist das Wattenmeer nicht nur Heimat vieler
heimischer Vögel, sondern dient auch rund 60
Vogelarten als Brut- und Rastplatz, wenn sie im
Frühjahr und Herbst auf dem Weg in ihre Som-
mer- oder Winterquartiere Station machen.

INFOS/FÜHRUNGEN

**Naturschutzgemein-
schaft Sylt e.V.:** M.-T.-
Buchholz-Stig 10a,
Wenningstedt/Braderup,
T 04651 444 21, www.
naturschutz-sylt.de,
April–Okt. Mo–Sa 10–18
Uhr, 5–10 €
**Erlebniszentrum
Naturgewalten Sylt** 2 **:**
Hafenstr. 37, List,
T 04651 836 19 0, www.
naturgewalten-sylt.de,
tgl. 10–18, Juli/Aug. bis
19 Uhr, Eintritt Erw. 16 €,
Kinder 10 €, Wattführun-
gen Erw. 8,50 €, Kinder 5
€, ▶ auch S. 52

### Salziges aus dem Meer
**Sylter Salz Manufaktur**
Aus reinem Nordseewasser gewinnt
Alexandro Pape das Sylter Salz. Etwa
3000 l sind für 80–100 kg erforderlich.
Hafenstr. 2, www.sylter-meersalz.de, Mo–Sa
10.30–18, in der Nebensaison 11–17 Uhr

### ☀ Wenn die Nacht beginnt

#### Erste Anlaufstelle
In der **Alte Bootshalle** ☀ können
Sie wunderbar den Abend ausklingen
lassen.
Am Hafen 200, T 04651 87 03 83, www.gosch.
de, tgl. 11.30–24 Uhr

### ⚓ Sport & Aktivitäten

#### Auf zwei Rädern
**Bruno Fahrradverleih** ❶
Sie möchten von List aus die Insel per
Rad erkunden oder eine Tour zum Lister
Ellenbogen unternehmen (▶ S. 60).
Dann finden Sie hier alles, was man
dazu braucht.
Hafenstraße 7, www.brunorad-sylt.de, T 0170
293 54 31, ab 8 € pro Tag

#### Bei ordentlich Wellengang …
**Surfschule am Hotel Strand am
Königshafen in List** ❷

Der Ellenbogen gilt als einer der Hot-
spots zum Kitesurfen. Probieren Sie es
aus! Außerdem Kurse im Katamaran-
segeln, Windsurfen, SUP und Surfen pur.
Hafenstr. 41, wassersport-sylt.de

### INFOS

**Kurabgabe:** 3 €
**Tourismus-Service in der Kurver-
waltung:** Landwehrdeich 1, T 04651
952 00, www.list.de, im Winter Mo und
Di 9–17, Mi–Fr 9–14 Uhr, im Sommer
zusätzlich Di–Do 13–17 Uhr und im
Adlerpavillion am Hafen Mai–Okt. tgl.
10–18 Uhr

### TERMINE

**Syltlauf:** März (▶ S. 111)

### IN DER UMGEBUNG

#### Abstecher gen Süden
**Volkshochschule Klappholttal**
Im Jahr 1919 gründete der jugendbe-
wegte Hamburger Arzt Knud Ahlborn
in den Baracken eines ehemaligen Mili-
tärlagers das Jugendlager Klappholttal.
Auch heute noch ist man in der einsam
in den Dünen gelegenen Akademie am

---

### DÜNENSCHUTZ

Wer aufs Meer wartet, hat Zeit, die wunderbaren Sylter Dünen zu bestaunen, die
einst der vom Meer kommende Wind anhäufte. Veränderte Strömungsverhält-
nisse im Meer führten schon vor etwa 2000 Jahren dazu, dass die Sandquellen
versiegten. Was einst zur Entstehung der Dünen beitrug – Wind und Wasser –, ist
nun Feind Nummer Eins. Um das Verschwinden der Dünen zu verhindern, muss
der Bewuchs, wie etwa Dünengras und Strandhafer, unbedingt geschützt werden,
denn seine Wurzeln verhindern Erosion. Dünen sind nicht nur schön, sie dienen
außerdem als eine Art natürlicher Deich und viele Vögel wählen den geschützten
Raum als Rast- und Brutplatz. Bitte nutzen Sie daher nur die ausgewiesenen Dü-
nenwege – Ihr Beitrag für den Erhalt dieser einzigartigen Landschaft! Die Pfade
sind von der Strandseite deutlich mit Pricken (Eichenpfählen mit Reisigbündeln)
und Wegnummern gekennzeichnet und meistens durch Holzbohlen, Lehmkies
oder auch Asphalt befestigt.

*Wer vom Austernschlürfen gar nicht genug bekommt, lässt sich die ›Sylter Royal‹ einfach per Post nach Hause senden – handverlesen, hübsch und sicher verpackt in einem Spankorb.*

Meer bemüht, eine Kombination aus Erholung in der Natur und geistiger Anregung anzubieten: Kunst, Literatur, Psychologie und Medizin sind die Themen, mit denen sich hier nicht nur Jugendliche beschäftigen. Neben der Volkshochschule sind im Gebäude auch ein Schullandheim sowie ein Kinder- erholungsheim untergebracht.
Zwischen Kampen und List, kurz vor Westerheide, T 04651 95 56 00, www.akademie-am-meer.de

### Ausflug nach Rømø

Sylts dänische Nachbarinsel Rømø ist völlig anders. Hier düsen Kitebuggys und Strandsegler auf dem Strand umher, sogar Autos sind erlaubt. Besonders angesagt ist das Buggykiten: Der dreirädrige Kitebuggy wird dabei mit den Füßen gelenkt und vom Kite gezogen.
Das vom Fähranleger schnell zu erreichende **Kirkeby** mit alter Seemanns- kirche und 200 Jahre altem Kapitäns- friedhof ist einen Besuch wert. Unweit von **Juvre** gibt es das Skelett eines Pottwals zu bestaunen. Auch lohnt sich hier der vollmöblierte Kommandeurshof (Kommandørgården, Juvrevej 60, Toftum,

T +45 7475 52 76, Di–So 10–17 Uhr), der auf den Wohlstand der Kapitäne des 18. und 19. Jh. verweist. Wer noch mehr von Dänemark sehen möchte, kann über einen **Damm** aufs Festland fahren.
Von List aus steuert die Fähre **Havneby** an. Wander- und Radwege schlängeln sich über die Insel, Räder kann man leihen.

### ❶ Infos

Ab List fahren tgl. 6–9 Fähren nach Havneby, Rømø, Dänemark. Pkw inkl. Personen Hin-und Rückfahrt ab 80 €, Dauer 40 Min., T 0180 310 30 30, www. syltfaehre.de

Das wohl größte Andenken Sylts können Sie im Oktober bei der **Strandkorbversteigerung** im Erlebniszentrum Naturgewalten er- gattern. Für den Heimtransport sind Sie allerdings selbst zuständig.

# An der Nordspitze – der Lister Ellenbogen

**Es ist doch immer wieder erstaunlich! Da drängen sich die Leute wie die Ölsardinen dicht an dicht am Strand von Westerland oder möglichst nah am Strandübergang zum Hotel – als gäb's nur diesen. Doch Sie nicht, Sie gehen heute an den Lister Ellenbogen. Heute wollen Sie Strand und Wind mal ganz für sich.**

INFOS

**Wegstrecke:** Dank zahlreicher Parkplätze kann die Wanderung auch in kleineren Abschnitten gelaufen werden. Oder einfach das Fahrrad einpacken und gegen den Wind radeln.
**Wattenmeerstation Sylt** 3: Hafenstr. 43, T 04651 95 60
**Königshafen mit Vogelschutzgebiet Üthörn** 4: Am Hafen 43, T 04651 95 80 20. Bieten Führungen an.

VERPFLEGUNG

Packen Sie sich für die Wanderung genug ein!
**Wonnemeyer am Strand** 7: ▶ S. 55

ACHTUNG

An der Ostspitze des Ellenbogens trifft das offene Meer auf das Wattenmeer, was heftige Wirbel verursacht. Baden ist hier wegen der Tiefenströmungen lebensgefährlich und streng verboten.

Vom **Lister Hafen** aus überqueren Sie Richtung Norden den Parkplatz und gehen auf die **Wattenmeerstation Sylt** 3 zu, eine Dependance des Alfred-Wegener-Instituts für Polar- und Meeresforschung, weltweit eine der ältesten Einrichtungen der Küstenforschung. Hier wird über Klimawandel, das Ökosystem Meer und Küste oder die Überdüngung der Nordsee geforscht. Nach der Station geht es links über einen Pfad durch die Dünen. Von hier aus hat man einen imposanten Blick über den Königshafen und den Lister Ellenbogen. Bitte nicht das Watt betreten! Der Königshafen gehört zur Schutzzone 1 des Nationalparks Schleswig-Holsteinisches Wattenmeer.

## Steife Brise für Kiter und Surfer

Der Weg führt über den Mövenberg-Landesschutzdeich, der List seit 1936 von Norden her vor Wind und Wellen schützt. Ein Eldorado für Vogelkundler. 20 ha groß ist das Vogelschutzgebiet, in dem Sie nach etwa 100 Arten von Brut- und Rastvögeln Ausschau halten können. Bald nach der **Jugendherberge** 3 beginnt das Gebiet des Ellenbogens mit der Mautstation für Autofahrer (6 € für Pkw).

Am nördlichen Ufer des **Königshafens** 4 geht's bis zur Spitze des Ellenbogens. Die Bucht konnte noch bis ins 18. Jh., als Listland eine dänische Enklave war, als Hafen genutzt werden. Dann versandete sie. Seit Jahrhunderten lassen Westwinde und die starke Flutströmung die Ellenbogenspitze immer weiter ostwärts wandern. Heute ist der nordwestliche Teil des Königshafens bei Windsurfern und Kitern beliebt – und die ziehen alle Blicke auf sich.

## Spuren im Sand

In Richtung Westen heißt es Schuhe aus und rein in den Sand. Es geht am Strand entlang. Nirgendwo auf der Insel ist der Sand so weiß und sind die Dünen so hoch. Unter dem Motto ›Dünenschutz ist Inselschutz‹ ist das Betreten der Dünen abseits der Wege jedoch verboten.

Bald erspähen Sie in den Dünen den **Leuchtturm List-Ost** 5. 3 km weiter haben Sie dann den Zwillingsbruder **List-West** 6, das nördlichste Gebäude Deutschlands, erreicht. Die beiden Leuchttürme wurden bereits 1858 in Betrieb genommen.

In südlicher Richtung liegt nun endlich der **Lister Weststrand** 3 vor Ihnen, der offizielle Badestrand von List. Hier kann man sich in die Fluten stürzen oder das neue **Wonnemeyer am Strand** 7, ehemals Weststrandhalle, unter die Lupe nehmen und sich eine Erfrischung gönnen. Wer aber noch weiterlaufen möchte, kann die Wanderdünen umrunden und in einem großen Bogen nach List zurückkehren.

S
SCHUTZ

Die Uferstrecken sind nur freigegeben, sofern keine Schilder mit dem Hinweis auf Brutgebiete oder schützenswerte Pflanzen den Zugang untersagen.

*Lebendes Inventar …*

---

**Vogelschutzgebiet**
**Ellenbogen**
*Königshafen*
**Ellenbogen**
*Uthörn*
**Vogelschutzgebiet**
**Uthörn**
*Mövenberg*
*11,1 m*
**Mövenberg-**
**Landesschutzdeich**
**L i s t l a n d**
**Jugendstrand**
**Hundestrand**
**Mövenberg**
*Sandberg*
*34,0 m*
*Sütterknoll*
*31,2 m*
Standort-
**FKK-Strand**
Übungsplatz
**Hundestrand**
**List**
**NSG**
**Nord-Sylt**
Mellhörn
*Blidselbucht*
Westerheide
Süderheidetal

**Details s. Seite 51**

**Listland**
0      1,5 km

**NSG**
**Kampener Vogelkoje**

**Faltplan:** E/F 1 | **Cityplan:** S. 51

# Sylt-Ost: Am Wattenmeer

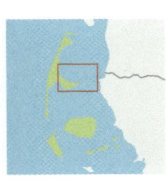

Im Sylter Osten macht man Ferien auf dem Bauernhof oder schaut aus seinem Reetdachhaus auf das
ruhige Wattenmeer. Keitum mit seinen hübschen
Häusern und verwinkelten Gassen sprüht nur so vor
Friesencharme, der seinesgleichen sucht, ein echtes
Puppendörfchen. In den Orten Archsum und Morsum
spricht man noch Söl'ring, es wurde nicht alles kom-
plett auf Tourismus umgestellt. Hier findet das Leben der Insulaner statt.

# Braderup 🗺 D 5

**Naturverbundene werden hier glücklich: Spaziergänge am Kliff und durch die Braderuper Heide, dazu noch die Reetdachhäuser, schön wie aus dem Bilderbuch, die allerdings meist nicht zu mieten sind. Hier mögen es die Menschen ein wenig ruhiger. Seit 1927 zu einer Gemeinde mit Wenningstedt zusammengelegt, liegt der Ort an der Wattseite und bietet Biobauern und Kunsthandwerkern eine Heimat. Ökos, Einheimische, Watt, Kliff und Heide – ein herrlich entspannter Mix, das ist Braderup.**

## Braderup per Rad

Schnappen Sie sich ein Fahrrad und radeln Sie über den M.-T.-Buchholz-Stig durch das idyllische Örtchen. Mit der Sonne im Rücken – und dem Wind hoffentlich auch – passieren Sie die **Manufaktur** mit einer großen Auswahl an handgefertigten Einzelstücken aus Leder. Weiter geht es zum **Erdbeer-paradies** im Terpwai. Mit einem Körbchen voller süßer Früchtchen fahren Sie ein Stück durch die Braderuper Heide und finden dann sicher einen Picknickplatz am Watt nahe des Weißen Kliffs. Hier lassen sich die Erdbeeren gut genießen. Zurück geht es wieder den M.-T.-Buchholz-Stig bis zur Hausnummer 10, dem **Naturzentrum Braderuper Heide.** Nachdem der Wissensdurst gestillt ist, lockt gleich um die Ecke vom Naturzentrum ein weiterer Durststiller, die **Kaffeekurve,** mit ausgezeichnetem Kaffee und leckerem Biokuchen.

## Naturzentrum Braderuper Heide

Das kleine, aber feine Naturzentrum erläutert die Sylter Natur und bietet geführte Wanderungen in die Braderuper Heide an, die man aber auch auf eigene Faust entdecken kann. Wattwanderungen, geologische Führungen und naturkundliche Touren auf dem Fahrrad sind weitere Angebote.
M.-T.-Buchholz-Stig 10a, T 04651 444 21, www.naturschutz-sylt.de, April–Okt. Mo–Sa 10–17 Uhr, Eintritt frei, Spende erwünscht

*Kein Wunder, dass es schon lange Naturfreunde und Ruhesuchende nach Braderup zieht. Die Idylle mit Wiesen, Reetdachhäusern und friedlich grasenden Pferden bietet eine verlockende Alternative zum Rummel an manch anderem Inselort.*

## Weißes Kliff

Heller, weißer Kaolinsand gab dem Weißen Kliff seinen Namen. Klitzekleine Halbedelstein- und Edelsteinkörnchen glitzern und funkeln hier im Sonnenlicht. Von Braderup bis Munkmarsch zieht sich das Weiße Kliff und ist an seiner höchsten Stelle 15 m hoch. Kommen Sie einmal zur Ebbe her, dann können Sie das Wrack der ›Mariann‹ im Watt entdecken. Der alte schwedische Dreimasterschoner liegt gerade einmal 200 m weit vom Strand entfernt vor der Küste (vom Parkplatz der Straße Üp de Hiir an das Watt).

### 🏠 Öko aus ganzem Herzen
**Regenbogenhaus**
Die Biobauern Dethlefs vermieten zwei lichtdurchflutete, ökologische Holzhäuschen: ›Jule‹ für zwei Personen und ›Lilly‹ für bis zu fünf Personen. Aus dem schönen Hofladen duftet es nach selbstgebackenem Brot. Fleisch, Gemüse und Milcherzeugnisse, die hier über die Ladentheke gehen, sind aus eigener Produktion. Kleine Gäste werden vom Streichelzoo mit Ziegen und Schweinen, Kühen und Schafen begeistert sein.
M.-T.-Buchholz-Stig 4, T 04651 44 68 72, www. regenbogenhaus.de, €€

### 🍽 Am Abend nach Wenningstedt
Das einzige Braderuper Restaurant am Abend wurde in ein Hotel umgewandelt. Da hat man keine Wahl, Abendessen gibt es in Wenningstedt.

### 🍽 Kleines Paradies
**Kaffeekurve**
2018 hat dieses neue stylishe und gemütliche »Caféchen«, wie es seine Besitzer liebevoll nennen, aufgemacht. Super Kuchen – alles bio!
M.-T.-Buchholz-Stig 9, T 04651 835 03 11, tgl. 10–17 Uhr, €

### 🛍 Verborgene Schätze
**Antiquitäten**
Die Braderuper Scheune von Manni Havenstein ist sehr speziell: Wer sich nicht vom Eisenkram auf dem Hofplatz

abschrecken lässt und den Werkstatt- und Lagerraum trotzdem betritt, wird positiv überrascht und stößt auf eine sauber nach Größen geordnete alte Schlüsselsammlung, sorgfältig restaurierte Maueranker und Stallfenster, in einer Vitrine eine Ausstellung mit 100 Jahre alten Messing-Kerzenleuchtern, schöne alte Gläser und vieles mehr.
M.-T.-Buchholz-Stig 9

### 🛍 Süße Früchtchen
**Erdbeerparadies**
Erdbeeren pflücken bis zum Umfallen. Aber auch andere Produkte aus ökologischem Anbau wie Gemüse und auch Biohonig werden hier verkauft.
Terpwai 15, T 04651 443 69, www.erdbeer paradies-sylt.de

### 🛍 Unverwechselbar
**Manufaktur Lederwerkstatt Sylt**
Helge Behrens und Christian Ostermann verwandeln hochwertige Wildtier-, Rinder- und Ziegenhäute in schönste Lederkreationen von der Jacke bis zum schicken Gürtel. Im Shop können Sie sich umschauen – und vielleicht auch inspirieren lassen, ein eigenes Unikat zu erwerben.
M.-T.-Buchholz-Stig 9, T 04651 431 35, www. manufaktur-sylt.de, 15. März–5. Nov. und 15. Dez.–5. Jan. Mo–Fr 10–13, 14–18 Uhr, Sa nach Absprache

### 🔧 Do it yourself!
**Arbeiten mit Holz**
Unter der Anleitung von Matthias Poppek entstehen in kleinen Workshops eigene Kreationen aus Holz und Eisen (▸ S. 66). Der Tischler und Holzbildhauer bietet auch ein- oder mehrtägige Wildniskurse an.
M.-T.-Buchholz-Stig 6, T 0172 404 69 67, www. workshop-sylt.de

### ℹ️ Infos
**Tourismus-Service** in Wenningstedt, da Braderup und Wenningstedt eine Gemeinde sind: Strandstr. 25, T 04651 44 70, Mo–Fr 9–17 und Sa 10–14, im Winter Mo–Do 9–12.30, 13.30–17, Fr 9–12.30 Uhr

# #8

# Lila Landschaften – unterwegs in der Braderuper Heide

**Leise und sanft kommt die hügelige Landschaft der Heide daher. In Braderup kommen Naturliebhaber voll auf ihre Kosten. Naturschutz und Nachhaltigkeit sind hier nicht nur Trendbegriffe, sondern schon lange ernst gemeint. Im überschaubaren, aber liebevoll gestalteten Naturzentrum Braderuper Heide lernt man alles über die Heide und in der Holzwerkstatt etwa kann mit Treibholz gewerkelt werden.**

Holz als natürliches Material ist beliebt wie nie. Kein Trendlokal, das nicht unbearbeitet wirkendes Holzmobiliar im Shabby- oder Vintage-Look ins Interieur integriert. Möbel zimmern wird man vielleicht nicht gleich im ersten Workshop bei Matthias Poppek lernen – aber ein etwas anderer Zugang zur Natur, zum Holz und den Umgang damit offenbart sich den Teilnehmern schon.

In seiner **Holzwerkstatt** ❶ in Braderup bringt der Tischler, Künstler und Bildhauer Kindern und Jugendlichen ab sechs Jahren in vierstündigen Workshops den Umgang mit Werkzeug bei. Sylter Kids und Urlauberkinder kommen bei dem sympathischen Wahl-Sylter zusammen. Ganz wie bei den Großen muss jeder vorab eine Skizze dessen anfertigen, was er oder sie im Workshop herstellen möchte. Da kann man Souvenirshops links liegen lassen!

## Frische Heideluft

137 ha fasst die Heide zwischen Braderup und Kampen. Die Hälfte der Heidelandschaften von Schleswig-Holstein liegt auf Sylt! Was sich hier vor Ihnen so unauffällig und weitläufig links und rechts der Holzwege ausbreitet, ist ein Stück authentische Inselnatur. Schlagen Sie den Weg Richtung Watt ein, können Sie in der Ferne die Keitumer Bucht und bei guter Sicht sogar das Morsum-Kliff erkennen.

Dank extremer Bedingungen wie Wind, Wärme und Trockenheit entwickelte sich eine ein-

**ÜBRIGENS**

Im **Regenbogenhaus** ❶ (▸ S. 65) sind zwei gemütliche, ökologisch korrekte Ferienwohnungen in Holzhäuschen untergebracht. Ein Spielplatz gehört zum Gelände; Ziegen, Schweine, Schafe und Kühe gibt es obendrauf (M.-T.-Buchholz-Stig 4, T 04651 44 68 72, www.regenbogenhaus.de, €€).

zigartige Pflanzen- und Tierwelt: 2500 Tier- und rund 150 Pflanzenarten finden sich hier, ganze 45 % der Pflanzen stehen auf der Roten Liste! Rotschenkel, Austernfischer und Brandgans bauen ihre Nester, pink und lila sprenkeln Krähenbeere, Beeren- und Glockenheide die Landschaft. Alles was man über die Heide wissen muss, erfährt man im **Naturzentrum Braderuper Heide** **1**.

## Schutz der Heide

Mittlerweile haben nicht nur die Braderuper Ökos verstanden, dass die Heide erhalten und geschützt werden muss. Über Jahrhunderte hinweg wurde die Landschaft genutzt. Das sogenannte Plaggen geschah mit viel körperlicher Kraft und der Plaggenhacke in der Hand. Heute übernehmen das Maschinen. Tatsächlich könnte eine ausbleibende Nutzung der Heide und der Verzicht auf das kostspielige Plaggen zu deren Untergang führen – die Heide würde verholzen. Zuletzt wurde in der Heide 1995 eine Plaggmaßnahme angesetzt, seit 1999 weiden hier auch wieder Schafherden.

### PLAGGEN

Heute wird beim Plaggen weniger mühsam vorgegangen: Mit einer traktorähnlichen Maschine wird die oberste Humusschicht abgetragen. So kann die Heide aus den 10 cm hohen Rohhumus nachwachsen. Den gleichen Humusgehalt wird die Heide erst wieder nach 60 Jahren aufgebaut haben.

INFOS/ÖFFNUNGSZEITEN

**Naturzentrum Braderuper Heide**
**1**: M.-T.-Buchholz-Stig 10a, T 04651 444 21, www.naturschutz-sylt.de, April–Okt. Mo–Sa 10–17 Uhr, Eintritt frei, Spende erwünscht

KLEINE HANDWERKER GEFRAGT

**Holzworkshops 1**: in der Holzwerkstatt auf dem Biobauernhof in Braderup, Mo und Do 14–18 Uhr (Matthias Poppek, www.workshop-sylt.de, T 0172 404 69 67, Kosten 60 €, nur nach Anmeldung). Außerdem u. a. **Drechsel-, Schmiede-, Seedbomb-Kurse.** Der Künstler bietet auch **Wildniskurse** in der Sylter Natur an – am Strand und im Wald erfährt man Spannendes über die Natur und sich selbst (ab 8 J., 1 Tag inkl. Snack und Feuerstarter-Set 90 €, Wo-

chenendkurs inkl. Feuerstarter-Set und vier Mahlzeiten 200 €, Übernachtung in der freien Natur; nur nach Anmeldung).

# Piraten, Artisten und Entdecker gefragt – **Sylt in Kinderhand**

**Trampoline im Restaurantgarten, Hüpfburgen mit Blick aufs Meer, jede Menge Mitmach-aktionen und am wichtigsten der größte Sand-kasten aller Zeiten: der Nordseestrand! Was das zu bedeuten hat? Keine Frage – Sylt ist in Kinderhand!**

Was sich schon beim Spaziergang an der Westerländer Promenade zeigt: In der **Villa Kunterbunt** ❶ hüpfen und toben die Kids, während die Großen einen Kaffee mit Blick aufs Meer schlürfen. Hüpfburg, Strandsand und Spielplatz an der Promenade – was will man mehr? Beim **Kampino Kinderclub** ❷ in Kampen kommen auch Teenies auf ihre Kosten, wenn sie die Dancefloors vom ›Pony‹ und ›Roten Kliff‹ unsicher machen – ohne Eltern versteht sich. Natürlich gibt es noch viel mehr Angebote für jede Altersgruppe von backen bis basteln.

## Für Adrenalinjunkies!
Familien, die nach mehr Adrenalin lechzen, fahren zur **Sylt4Fun Arena** ❸ (▶ S. 35) in Wenningstedt. Kletterwand, Skatebahn & Co., Indoor- wie Outdoor-Aktivitäten – da schläft die ganze Familie abends besonders gut ein.

Wunderbar betreut und bespaßt werden Kinder beim Wenningstedter **InselCircus** ❹ (▶ S. 35), wo sie selbst eine Zirkusveranstaltung planen.

Aber auch bei den Aquariumsnächten wird's richtig spannend, wenn die Kids nachts durchs **Aquarium** ⬛1 (▶ S. 20) in Westerland schleichen und überprüfen, ob Fische schlafen müssen …

## Aktiv werden
Auch gemeinsam Neues auszuprobieren, fällt auf Sylt leicht: in Braderup bei den Workshops der **Holzwerkstatt** ❺ etwa (▶ S. 66) oder in Tinnum beim **Bogenbau** ❻ (Yousakka Bow & Funcompany, ▶ S. 72) und beim **Kerzenziehen** ❼.

*Kind sein auf Sylt – ein feines, unbeschwertes Vergnügen! Angebote gibt es viele, doch die Insel selbst ist der wohl größte Abenteuerspielplatz!*

Im Familienstrandort Wenningstedt befindet sich in einem kleinen verwunschenen Waldstück rechts vom Campingplatz der **Sylter Sagenwald**  ❽ mit Spielgeräten und Infotafeln. Statt in den Wald lieber aufs tobende Meer hinaus? Kein Problem! Bei der **Piratenfahrt** ❾ ab List-Hafen werden alle erstmal zu richtigen Seeräubern gemacht – mit Streifenhemd, Säbel und Augenklappe –, bevor die ›Gret Palucca‹ gekapert und die Piratenflagge gehisst werden kann. Ahoi!!

Beschaulicher hingegen, aber nicht weniger aufregend, geht es im **Tierpark Tinnum** ❷ (▶ S. 71) zu. Im privat geführten Park sind allerlei Tiere zu sehen, man kann aber auch Karussell fahren oder mit der Familie auf dem Teich im Tretboot seine Runden drehen.

**Ü ÜBRIGENS**

Wer im Herbst kommt, wird gerne von den Launen des norddeutschen Wetters überrumpelt. Sprich: es schüttet wie aus Eimern. Zum Glück gibt es dann die **Sylter Familienwochen** mit breitem Angebot an tollen Aktionen und Workshops von Trommeln bis Wildniskursen (www.sylt.de/familienwochen.html).

**KINDER AN DIE MACHT**

**Villa Kunterbunt** ❶: obere Promenade in Westerland, www.insel-sylt.de/villa-kunterbunt, Mai–Okt. Mo–Fr 10–17, Nov.–April bis 15 Uhr, nachmittags für alle ab drei Jahre, vormittags betreutes Spielen

**Kampino Kinderclub** ❷: Hauptstr. 12, Kampen, T 04651 46 98-0, www.kampen.de bzw. auf Facebook, im Juli/Aug. sowohl outdoor als auch indoor

**MACH MAL LANGSAM!**

**Kerzen-Werke-Sylt** ❼: Pilotenweg 8, Tinnum, T 04651 836 50 10, www.sylter-werkstaetten.de/de/arbeit/internearbeitsangebote/kerzen-und-mehr/

**Sylter Sagenwald** ❽: am Campingplatz in Wenningstedt, www.wenningstedt.de/index.php?seite=sylter-sagenwald, immer geöffnet

**AUF HOHER SEE**

**Piratenfahrt** ❾: Angebot der Adler-Schiffe, Hafen List, Am Hafen 22, List, www.adler-schiffe.de/ab-sylt/piratenfahrten.php April–Okt., Preis 29,50 €

**Kinderferien auf Sylt**

0   1,5 km

List ❾
Kampen
❷
L24
❽
Wenningstedt
❹
K118
❸
-Braderup
❺
Munkmarsch
WESTERLAND
❶
Bhf. Westerland
❼
❶
Tinnum
❷
Keitum
❻

**Faltplan:** A–E 1–7

# Munkmarsch 🗺 D 6

**Große Sehnsucht nach absolu-
ter Ruhe? Wer durch nichts und
niemanden gestört werden will,
der zieht sich nach Munkmarsch
zurück. Direkt am Watt liegt der
kleine verwunschene Ort. Nur das
mondäne viktorianische Fährhaus
am Hafen erinnert daran, dass man
nicht ganz allein auf der Welt ist.
Der Hafen selbst ist ein kleines
Paradies für Surfer und Segler.**

### Vom Trubel zur Idylle

Man sieht dem Ort heute nicht mehr an,
dass er früher als wichtigster Verbin-
dungspunkt zum Festland fungierte.
Schon im 18. Jh. stand hier eine Mühle,
deren Produkte über den Hafen sofort
von der Insel transportiert wurden. Nachdem der Keitumer Hafen versandet war,
avancierte Munkmarsch zur Anlegestelle
für die Schiffe vom Festland. Eine Mole
wurde gebaut und 1869 das Fährhaus
errichtet. Bis ins Jahr 1901 kamen sämtli-
che Kurgäste hier an. Durch den Bau der
Inselbahn nach Hörnum nahm der Betrieb
in Munkmarsch rapide ab, bis der ›Ruhm‹
des Ortes mit dem Bau des Hindenburgdamm endgültig verblasste. Es ist ruhig
geworden in Munkmarsch. Heute lieben
Surfer und Segler den Hafen. Der Bau des
Hotel Fährhaus weckt Erinnerungen an
die Architektur Neuenglands.

### 🏠 Übernachten Deluxe
#### Hotel Fährhaus

Exklusiver Hotelbau mit 39 Zimmern
und Suiten neben dem alten Fährhaus,
einem weißen viktorianischen Bau aus
dem 19. Jh. Am schönsten sind die Zimmer zum Watt. Im Erweiterungsbau gibt
es auch einen riesigen Spabereich.
Heefwai 1, T 04651 939 70, www.faehrhaus-
sylt.de, €€

### 🏠 Mal für sich sein
#### Ferienwohnung Sönshorn

Eine von mehreren Ferienwohnungen im
Ort, die mir besonders positiv aufgefallen
ist: Im hell und gemütlich eingerichteten

Die Munkmarscher Landschaft
gehörte 1422 zu einem Mönch-
kloster. Davon leitet sich auch der
Ortsname ab.

Apartment für bis zu drei Personen lebt
man völlig zurückgezogen mitten in
der Heide. Herrlicher Wattblick von der
eigenen Terrasse!
Sönshörn 20, T 0234 535 71, €€

### 🍴 Leckerer Fisch
#### SSC Gastronomie

Das Clubhaus des Sylter-Segel-Club
liegt am Hafen. In netter Atmosphäre
schmeckt der Fisch nochmal so gut.
Biertrinker freut's: Der Gerstensaft
kommt aus der Zapfanlage. Gute Preise.
Heef 2, T 04651 318 71, April–Sept. Di–So
12–20, Okt.–März Mi–So 12–20 Uhr, €

### 🍴 Mondän
#### Käpt'n Selmer Stube

Die Stube gehört zum Fährhaus Sylt und
bietet vorwiegend regionale Küche an.
Schön ist es, dabei auf der viktorianischen
Terrasse zu sitzen.
Heefwai 1, T 04651 939 70, www.faehrhaus-
sylt.de, tgl. durchgehend geöffnet, €€€

### 🍴 Deftig
#### Zur Mühle

Im Sommer speist man auf der Terrasse
mit Blick aufs Wattenmeer. Schwerpunkt
der Karte ist Hausmannskost, wie z. B.
Labskaus oder Rinderroulade mit Apfel-
rotkohl und Petersilienkartoffeln.
Lochterbarig 24, T 04651 38 77, www.zur-
muehle-sylt.de, Mi–Mo 11–17, in der Saison
ab 10 Uhr, €€

### 🌀 Surfen beim Meister
#### Syltsurfing

Surfpionier Calle Schmidt unterrichtet
in seiner Schule Windsurfen, aber auch
Cat- und Jollensegeln sowie Golfen.
Surfbrett- und Bootsverleih.

Heefwai 4a (am Hafen), T 04651 93 50 77,
www.syltsurfing.de

# Tinnum 🗺 D 6

**Vorort von Westerland, Gewerbegebiet und Discountsupermärkte – ja, stimmt alles, aber dennoch: Links und rechts der Bahnschienen hat sich das familienfreundliche, vergleichsweise günstige Dorf Tinnum seinen angenehmen Charakter bewahrt. Am Watt gelegen, umgeben von Wiesen, bietet der Ort Gästen und Bewohnern beides: schöne Natur und kleinstädtisches Treiben.**

### Einst und heute
Mitten im Ort in der Straße Kampende steht eines der ältesten Häuser der Insel. 1649 wurde die **Alte Landvogtei** erbaut. 200 Jahre lang, während der dänischen Herrschaft, schaltete und waltete von hier aus der höchste Beamte der Insel. 1825 hielt sich der dänische König Friedrich VI. in der Vogtei auf. Ein knapp zehnminütiger Fußmarsch bringt Sie noch weiter in die Vergangenheit. Am Borigwai steht die **Tinnumburg,** die noch aus vorgeschichtlicher Zeit stammen soll. Die Ringwallanlage misst 110 m im Durchmesser und 5–8 m in der Höhe. Die Wikinger hausten hier auch, aber ob es deren Schuld ist, dass nur noch die kreisförmige Wallanlage in der Wiese zu sehen ist, kann keiner sagen. Begehen erlaubt! Zwischen Campingplatz und Wiesen gehen Sie zum **Tierpark Tinnum** (Ringweg 100). Von A wie Alpaka bis W wie Widder: 400 Tiere sind in dem 30 000 m² großen Privatpark zu Hause. Kinder können auf Eseln und Ponys reiten, auf dem Spielplatz spielen und in der Hüpfburg toben (Ringweg 100, T 04651 326 01, Mai–Okt. tgl. 10–19 Uhr, Erw. 14 €, Kinder von 3–14 Jahren 7 €).

### 🏠 Wie eine Meeresbrise
**Ferienwohnung Carlotta**
Helles, in Pastelltönen eingerichtetes Apartment (2 Pers., 45 m²), ruhige Lage, neben einem Bäcker mit kleinem Café.
Vogteiweg 23, T 04651 315 90, €

### 🏠 Ganz schön edel
**Landhaus Stricker**
In einem schönen Garten gelegen, bietet das luxuriöse Landhaus unter seinem Reetdach behaglichen Komfort. Das Besondere: ein Spa auf 700 m² mit Pool.

*Vorbei sind die Zeiten, in denen Munkmarsch mit Mühle und Hafen samt Festlandverbindung ein Wirtschaftszentrum war. Heute träumt der Ort vor sich hin, das wirkt ansteckend auf seine Besucher.*

Boy-Nielsen-Str. 10, T 04651 89 90, www.
landhaus-stricker.de, €€€

### 🏕 Raus in die Natur
**Camping Südhörn**
Vier-Sterne-Platz (160 Stellplätze) mit behindertengerechten Duschen, WC, WLAN.
Ziegelweg 1, südl. Ortsrand, T 04651 36 07,
www.campingplatz-suedhoern.de, ganzjährig
geöffnet, €

### 🍴 Den Kuchen muss man probieren
**Hofcafé Klein'er Kuhstall**
Liebevoll geführtes Café. Toller Kuchen,
zum Tee gibt es immer einen Teewecker
für die jeweilige Sorte eingestellt.
Südhörn 7c, T 04651 835 30 05, www.kleiner
kuhstall.de, tgl. 12.15–18.15 Uhr, €

### 🍴 Unscheinbar, aber dann …
**Janke's Restaurant**
Leckeres Essen und ein familiäres, gemütliches Miteinander im Restaurant am
Campingplatz. Hautpgerichte ab 10 €.
Ziegelweg 1, T 04651 37 20, Mi–Mo ab 17,
Küche bis 22 Uhr, €€

### 🛍 Was das Leben schön macht
**Teekula**
Das älteste und größte Teehaus der
Insel bietet Kunsthandwerk und – na,
klar – Tee, auch in Bioqualität, an.

**ÜBRIGENS**

Die Tinnumer schienen irgendwie
immer im Weg zu sein. Schon in den
1920ern wurde die Reichsbahn mitten durch den Ort nach Westerland
gebaut, in den 1930ern eröffnete
man den Flugplatz neben dem
Ort und auch für die Kreisstraße
mussten die Bürger Land abgeben.
Und dann noch die Idee mit dem
Gewerbegebiet … Gut kam das
alles nicht an. Trotzdem wohnen hier
die meisten Sylter. Kein Tourismusmagnet zu sein hat auch Vorteile –
hier ist Wohnraum noch bezahlbar.

Zur Kratzmühle 4, T 04651 430 07, www.sylter-
teehaus.de, Mo–Sa 10–18.30, So 11–17 Uhr

### 🍫 Schokokick
**Sylter Schokoladenmanufaktur**
So wird also Schokolade gemacht! Ein
Blick in die Produktionshalle ist ausdrücklich erlaubt. Im hellen Holzhaus gibt es
außerdem den Schokoladenshop und
draußen stehen Strandkörbe für die Kuchenpause am Nachmittag. Hier können
Sie Schokolade auch selbst machen – am
besten nach Seminaren fragen!
Zum Fliegerhorst 15, T 04651 299 15 01, www.
cafe-wien-sylt.de, in der Saison tgl. 10–18 Uhr

### 🛍 Praktisch für den Einkauf
**Im Kiarwai**
In Tinnum findet sich alles an einem Ort:
Netto, LIDL, Niebüller Backstube mit
leckerem Frühstück, Steak House, Burger
King, Bahlsen Outlet, Post und Kaufhaus
Stolz. Das nennt sich urlauberfreundlich!
Klarwai, Supermärkte auch So 11–17 Uhr

### 🚲 Lieber mit Rückenwind?
**Sylt Bike**
City-, Trekking- oder E-Bike? Hier finden
Sie Ihr perfektes Urlaubsrad.
Keitumer Landstr. 12–14, T 04651 446 31 03,
www.sylt-bike.de, in der Saison tgl. 9.30–18 Uhr

### 🐎 Ab aufs Pferd!
**Reitschule Olivenhof**
Drinnen und draußen finden Groß
und Klein das Glück der Erde auf dem
Rücken der Pferde.
Ingewai 40, T 04651 329 06 oder 0152 57 03
79 85, www.olivenhof.de

### 🎯 Robin Hood kann einpacken
**Youksakka Bow & Funcompany**
In zweiter Generation wird traditioneller
Bogenbau vermittelt und Bogenschießen
gelehrt. Die Trainer wissen zu begeistern!
Keitumer Landstraße, T 0177 802 73 09, www.
youxsakka.de, 20. März–Ende Okt. tgl. 12–18 Uhr

### ℹ Infos
**Kurabgabe:** 3,50 €
**Tourismus-Service Tinnum:** Dirksstr.
11, T 04651 99 80, Mo–Do 9–17, Fr
9–13 Uhr

# Keitum 📖 D/E 7

**In Keitum gerät man ins Schwär-men: der historische Kern der Insel, das Juwel, so grün und diese schönen alten Reetdachhäuser! Es ist vermutlich der einzige Inselort, in dem nicht der Strand im Vorder-grund steht, sondern die sichtbare Historie, die kleinen Gassen und Pfade und die gemütlichen Rück-zugsorte.**

## WAS TUN IN KEITUM?

### Eindrücke eines alten Friesendorfes

Bei einem Spaziergang durch die kleinen Straßen des Dorfes offenbart sich ein altes, charmantes Friesendorf mit schönen alten Kapitänshäuser aus der zweiten Hälfte des 18. Jh. Die Sylter, die es zu Steuermännern oder gar zu Kapitänen ge-bracht hatten, wetteiferten mit ihren Häu-sern oberhalb des Kliffs mit Blick über das Watt. Zäune gab es um die klassischen Friesenhäuser nicht. Als Schutz gegen den Wind und das Vieh wurden Wälle aus Steinen und Erde errichtet. Heute zollen die liebevoll vom Sölring-Verein gepfleg-ten Museen der Zeit Respekt, darunter das **Sylt Museum 1** (▸ S. 76) und das **Altfriesische Haus 2** (▸ S. 76). Am Fuß des sanft abfallenden Kliffs, das Keitum im Norden begrenzt, verläuft ein Wanderweg. Von hier schweift der Blick in die Ferne bis hinauf zur Spitze von Sylt. Es lag vermutlich an der geschützten Lage, dass sich der 800 Jahre alte Ort schon früh zum eigentlichen Zentrum der Insel entwickelte. Seine wirtschaft-liche und politische Hochzeit hatte Keitum zu Beginn des 19. Jh., damals der größte Ort der Insel, zugleich ihr administratives Zentrum und bis 1870 die wichtigste Hafenstadt, das ›Tor zu Sylt‹. Wegen zunehmender Versandung musste der Hafen nach Munkmarsch verlegt werden und verlor durch den Hindenburgdamm schließlich auch dort seine Funktion. Heute zählt Keitum knapp 2000 Einwohner und ist das

*Silke von Bremen kennt sie alle, die Geschichten aus Sylt, die Geschichte lebendig machen.*

Zentrum der friesischen Inselkultur. Enge Straßen, geduckte alte Reetdach-häuser, grüne Ulmen – da passt das Pferdegetrabbel sehr gut ins romantische Bild. Mit Matthias Tölke in der Kutsche durch den schönsten Ort der Insel mit seinen Pferden ›Schatzi‹ und ›Spatzi‹ zu traben, ist eines der i-Tüpfelchen einer Keitumreise (Mi und So von 14–18 Uhr zu jeder vollen Stunde am Großparkplatz in Keitum, T 0175 207 43 00, https://syltkutschfahrten.jimdofree.com/).

### Was tun, wenn's brennt?!

Im Jahre 1906 wurde das Spritzenhaus erbaut, in dem heute das **Feuerwehr-museum 3** untergebracht ist. Von hier rückte einst die Dorfwehr aus, wenn aus einem der Reetdachhäuser die Flammen loderten. Heute sind alte Uniformen und Ausrüstungen zu besichtigen (C.-P.-Han-sen-Allee, T 04651 318 42, April–Okt. Di 10.30–13 Uhr, Eintritt frei).

### Es war einmal …

Am südlichen Ortsrand erinnern die **Hünengräber Harhoog 4 und Tipkenhoog 5** (▸ S. 77) an längst vergangene Zeiten.

# KEITUM

## Sehenswert
1. Sylt Museum
2. Altfriesisches Haus
3. Feuerwehrmuseum
4. Harhoog
5. Tipkenhoog
6. St. Severin

## In fremden Betten
1. Mühlenhof
2. Groot's Hotel
3. Kontorhaus Keitum

## Satt & glücklich
1. Reblaus
2. Brot & Bier
3. Butcherei
4. Kleine Küchenkate

## Stöbern & entdecken
1. Birte Wieda
2. Büchertruhe
3. Glashaus
4. Galerie Rudolf
5. Das friesische
   Käselädchen
6. Withüs

## Wenn die Nacht beginnt
1. Salon 1900
2. Pius

## Sport & Aktivitäten
1. Der Fahrradladen
2. Reitstall Hoffmannt

### Ein uralter Kultort

Auf dem höchsten Punkt des Sylter Geestkerns wurde Ende des 12. Jh. die Kirche **St. Severin** 6 errichtet, im romanischen Stil aus Tuff-, Feld- und Ziegelsteinen sowie Granit. Erst im Jahre 1450 kam der Turm hinzu. Im Inneren von St. Severin sind der Taufstein (um 1250), der spätgotische Schnitzaltar (um 1480) und die herrliche Kanzel im frühen Renaissancestil beachtenswert. Bereits in altgermanischer Zeit befanden sich an diesem Ort ein Odinheiligtum und auch Begräbnisplätze. Der dazugehörige Friedhof ist der eindrucksvollste und geschichtsträchtigste der Insel. Einige der Grabsteine stehen unter Denkmalschutz. Bekannte Persönlichkeiten wie der Schriftsteller und Naturschützer Ferdinand Avenarius, der Verleger Peter Suhrkamp und der Maler Otto Eglau sind hier beerdigt.

························································

## SCHLEMMEN, SHOPPEN, SCHLAFEN

························································

### 🏠 In fremden Betten

#### Unterm Reetdach
**Mühlenhof**
Die zehn Apartments im sehr schön renovierten Mühlenhof besitzen teilweise Wattblick und sind liebevoll eingerichtet.
Kirchenweg 29, T 04651 933 10, www.muehlen hof.de, €

#### Hier schlafen Sie ruhig
**Groot's Hotel** 2
Kleine, familiär geführte Apartmentanlage mit sechs gemütlichen, komfortablen Ferienwohnungen, Sauna, Whirlpool und großem Garten mit Strandkörben.
Gaat 5, T 04651 933 90, www.groots-hotel. de, €€

#### Wow-Effekt
**Kontorhaus Keitum** 3
Alles fällt von einem ab, was bleibt ist Entspannung: ein Boutiquehotel, das seinesgleichen sucht. Stylish-gemütliche Ausstattung und das mitten in den Keitumer Wiesen.

**B BÄUME**

Noch zu Beginn des 19. Jh. war das grüne Dorf baumlos. Der Name Keitum bedeutet auch eigentlich Heidedorf (abgeleitet von dem Wort *Heidum*). Als die Keitumer bemerkten, dass der immer stärker werdende Touristenstrom an ihnen vorbeizog, beschlossen sie, die Attraktivität ihres Dorfes zu steigern. Der kahle Ort wurde kurzerhand ab 1890 mit Ulmen, Linden, Buchen, Eichen und Kastanien bepflanzt und verwandelte sich somit in das ›grüne Herz der Insel‹. Ende der 1990er-Jahre mussten leider mehr als 500 der alten Bäume wegen einer Pilzerkrankung gefällt werden. In einer Großaktion konnten Urlauber neue Bäume spenden.

Siidik 15, T 04651 449 92 90, www.kontor hauskeitum.de, €€

*Ein wunderschönes Teekontor ist die Keimzelle des Kontorhauses Keitum.*

························································

### 🍴 Satt & glücklich

#### Hat das Zeug zum Lieblingsort
**Reblaus** 1
Restaurant & Bar, klein, modern und schlicht gehalten, mit offener Küche. Von Schickimicki keine Spur, stattdessen einfach tolle Weine, super Essen und liebevoller Service – was will man mehr?
Am Tipkenhoog 2, T 04651 886 89 70, www. reblaus-sylt.de, tgl. 11–23 Uhr, €€€

# Friesenromatik
# in Reinform –
# **das grüne Keitum**

**Es duftet nach Blumen und frischem Kuchen. Der Blick fällt auf altehrwürdige Kapitänshäuser und bepflanzte Steinwälle. Im Prinzip ist es in Keitum so: Denken Sie an alle möglichen Klischees zum Thema Friesendorf am Wattenmeer – dann sind Sie nah dran an der Keitumer Realität.**

# 10

Für viele ist Keitum das schönste Dorf der Insel. Noch vor 100 Jahren war es auch das größte, als hier noch die Schiffe vom Festland anlegten. Geblieben ist ein lebendiger Ort mit Reetdachhäusern, Laubbäumen und einem idyllischen Charakter.

Im ersten Moment scheint der riesige Unterkieferknochen eines Finnwals vorm **Sylt Museum** 1 nicht so recht zu passen. Doch der Haupterwerb der Keitumer war der Walfang und so zierten früher viele solcher Knochen die Hauseingänge. Im Museum werden Sylter Exponate von der Urzeit bis ca. 1850 ausgestellt, darunter prähistorische Funde, aber auch Truhen und Trachten. 1759 wurde das Haus vom Großvater des Sylter Freiheitskämpfers Uwe Jens Lornsen (1793–1838) erbaut. Letzterem wird eine eigene Abteilung gewidmet. Ein anderer Bereich zeigt Leben und Werk des Sylter Malers und Fotografen Magnus Weidemann.

Nebenan steht eine Inselschönheit: 1739 wurde das rote **Altfriesische Haus** 2 erbaut. Es ist das einzige komplett im ursprünglichen Stil der Insel erhaltene Gebäude. Ab 1851 lebte hier der Chronist von Sylt, Christian Peter Hansen (1803–1879). Das Museum wurde 1907 vom Sylter Heimatverein Söl'ring Foriining erworben. In den vier engen Wohnräumen mit Originalmöbeln und Gebrauchsgegenständen bekommen Sie eine lebendige Vorstellung von der friesischen Wohnkultur im 18. Jh. Beim Museums- und Webereifest im August lassen hier Weberinnen das Schiffchen durch die bunten Fäden am Webstuhl tanzen.

*Am Webstuhl im Altfriesischen Haus wird schnell klar: Das ist nichts für Ungeduldige.*

## Gräber aus der Bronzezeit

Ein Großteil der vor- und frühgeschichtlichen Kulturdenkmäler wurde vom Meer geschluckt, andere Überreste fielen dem Bau des Flughafens zum Opfer. Vor der Zerstörung gerettet wurde der steinzeitliche **Harhoog** `4`, der ursprünglich nordwestlich von Keitum auf dem jetzigen Flughafengelände lag und nach einem Umzug seinen Platz neben dem Tipkenhoog im Südwesten des Ortes gefunden hat.

Der **Tipkenhoog** `5` ist typisch für die Gräber der Bronzezeit (1800–600 v. Chr.) und spielt in vielen Sylter Sagen eine Rolle. So soll hier der Riese Tipken begraben liegen, der im Kampf gegen die dänischen Eroberer starb. Die beiden vorzeitlichen Steingräber thronen auf einem Hügel oberhalb des Grünen Kliffs. Im 17. und 18. Jh. standen hier die Keitumer Frauen und winkten ihren zum Walfang ausfahrenden Männern Lebwohl. Heute genießt man von der Anhöhe des Tipkenhoogs aus den wunderbar weiten Blick bis nach List, über das Watt zum Morsum-Kliff und zum Festland.

> ▶ **LESESTOFF**
>
> Die Wahlsylterin Silke von Bremen leitete früher das Keitumer Heimatmuseum und bietet äußerst unterhaltsame Führungen auf der Insel an. Im Buch **Gebrauchsanweisung für Sylt** (Piper 2022) gewährt sie ihren Lesern neue und spannende Einblicke in den Mikrokosmos Sylt.

## Ein Kultort seit frühester Zeit

Um die Kirche **St. Severin** `6` ranken sich viele Sagen. Eine erzählt, dass beim Bau des Kirchturms eine Hexe eine düstere Prophezeiung aussprach. Die Glocke des Kirchturms würde den schönsten, stärksten Jüngling von Sylt erschlagen und kurz danach bräche der Turm zusammen und töte das schönste Mädchen. Lange Zeit nach Fertigstellung des Turms erlaubten sich Seefahrer 1732 einen bösen Scherz. Sie läuteten die Glocke so stark, wie sie nur konnten. Plötzlich löste sie sich und fiel hinab auf den schönen Sören Sörensen. Seit diesem Tag halten sich alle schönen Mädchen von der Keitumer Kirche fern … (▶ S. 75)

**INFOS/ÖFFNUNGSZEITEN**

**Sylt Museum** `1`: Am Kliff 19, T 04651 31669, Ostern–Okt. tgl. 10–17, Sa/So ab 11, sonst Mi–Sa 11–16 Uhr, Erw. 5 €, Kinder 2 €
**Altfriesisches Haus** `2`: Am Kliff 13, T 04651 31101, April–Okt. Mo–Fr 10–17, Sa und feiertags 11–17, Nov.–März Mi–Sa 11–16 Uhr, Erw. 5 €, Kinder 2 €
**Hünengräber Harhoog** `4` **und Tipkenhoog** `5`: Am südlichen Ortsrand
**St. Severin** `6`: Kirchenweg, T 04651 31713, www.st-severin.de, Gottesdienste So 10, Sa 18 Uhr, Konzerte Mi 20.15 Uhr

**Faltplan:** D/E 7 | Cityplan S. 74

### Simpel und raffiniert
**Brot & Bier** ❷
Was so alles auf eine Stulle kommen kann! Und dazu noch ein leckeres selbstgebrautes Bier. Im modern eingerichteten Lokal des ehemaligen Sternekochs des Munkmarscher Fährhauses ist die Atmosphäre locker-lässig. Für ein belegtes Brot sind die Preise im ersten Moment zunächst einmal gesalzen, aber was man dann auf dem Teller gereicht bekommt, zeigt, dass man sein Geld sehr gut investiert hat!
Gurtstig 1, T 04651 936 37 43, www.brot-und-bier.de, Di–Sa 12–21 Uhr, €€

### Fleisch statt Fisch
**Butcherei** ❸
Heute keine Lust auf Fisch? Kein Problem: Hier gibt's Bison, Irish Dry Aged, Wyagu. Leckere Steaks für alle und in jeder Preisklasse.
C.-P.-Hansen-Allee 2, T 04651 886 43 00, www.butchereisylt.de, Küche Di–So 13–22 Uhr, Bar Open End, €€€

### Rustikal
**Kleine Küchenkate** ❹
Regionale Küche mit Fleisch von der Sylter Landschlachterei, z. B. Galloway- und Lammfleisch. Köstlich! Schöne Terrasse.
Am Kliff/Hoyerstieg, T 04651 333 87, www.kleinekuechenkate.de, Do–Di 12–22 Uhr (Küche 12–16.30, 17.30–21 Uhr), €€–€€€

· · · · · · · · · · · · · · · · · · · · · · · · · · · · · · · · · · · ·

🛍 **Stöbern & entdecken**

### Außergewöhnliche Schmuckstücke
**Birte Wieda**
Zeitlos moderner Schmuck mit symbolhaften Formen. Individuelle Stücke wie z. B. ›Wunschringe‹.
Gurtstig 26, www.sylterschmuck.de, Mo–Sa 12–18 Uhr

### Bei der Grande Dame der Literatur
**Büchertruhe** ❷
Ein Sammelsurium an Büchern – liebevoll ›betreut‹ die Inhaberin Hildegard Schwarz Schmöker, Klassiker und

*Home made: Der Marmeladenverkauf an einem Straßenstand im idyllischen Friesendorf Keitum darf natürlich nicht fehlen. Schmeckt bestimmt auch tausendmal besser als das Glas aus dem Supermarkt.*

Neuerscheinungen und nicht zuletzt
ihre Kunden. Wer sich richtig in Bücher
eingraben will, geht in den Keller.
Am Tipkenhoog 3, T 04651 324 47

### Spiel von Licht und Schatten
**Glashaus**
Schöne mundgeblasene Objekte der
Glaskünstlerin Antje Otto.
Im Bahnhof, T 04651 329 33, www.glaskunst-
antjeotto.de

### Tolles Galerieprogramm
**Galerie Rudolf** 4
Ein wahres Kleinod, in dem große Kunst
zu finden ist: bekannte Namen der
klassischen Moderne sowie Maler, die
der Insel verbunden waren.
Westerhörn 6, T 04651 302 34

### Kultig und bio
**Das friesische Käselädchen** 5
Der eingelegte Ziegenkäse der hofei-
genen Ziegen ist einfach köstlich. Auch
Gemüse, Marmelade, Olivenöl, Sylter
Freilandeier, Schinken vom Lamm und
Biowein gibt's bei Dörte Dethlefs.
Siidik 6, T 04651 96 74 41, Mo–Fr 11–15 Uhr

### Oase der schönen Dinge
**Witthüs** 6
Ausgefallene Arbeiten von Töpfern, Bild-
hauern, Glasbläsern und Goldschmie-
den. Wunderschöner Garten.
Am Kliff 5a, T 04651 36 06, www.witthues-kei
tum.de

### ☀ Wenn die Nacht beginnt

Wer mal wieder das Tanzbein schwingen
möchte, wird im gediegenen **Salon
1900** ❄ (Süderstr. 40, www.salon
1900.de, 12 Uhr–Open End) glücklich,
ansonsten bleiben die **Weinstube Pius**
❄ (s. u.) oder auch das Selbstgezapfte
im **Brot & Bier** 2 (▶ S. 78), um den
Tag angenehm ausklingen zu lassen.

### Angesagt
**Pius** ❄
Fantastische Tropfen gibt es bei Pius
zu entdecken! Im Weinkeller stehen

Nicht vergessen: Keitum liegt an der
Wattseite. In das erfrischende Nass
steigen, klappt nur bei Flut.

über 300 Top-Weine bereit, die in
gemütlicher Atmosphäre genossen
werden. Dazu werden kleinere Gerichte serviert.
Am Kliff 5, T 04651 889 14 38, www.pius-
weine.de, tgl. 16–24 Uhr, im Winter ab 17 Uhr

### 🚴 Sport & Aktivitäten

### Was das Fahrradfahrerherz begehrt
**Der Fahrradladen** 1
Von Tourenbikes bis Kinderanhänger
bietet der Fahrradladen alles für den
perfekten Tag auf dem Rad.
Gurtstig 44, T 04651 328 79, www.sylt-rad.de

### Das Glück dieser Erde …
**Reitstall Hoffmann** 2
Ausritte ins Watt und in die Braderuper
Heide, aber auch Kutschfahrten für bis
zu sechs Personen.
Gurtstig 46, T 04651 315 63, www.reitstall-
hoffmann.de

### INFOS

### Tourismus-Service Keitum
**Infos und Termine Kurverwaltung:**
Gurtstig 23, T 04651 337 33, www.
keitum.de, Mo–Sa 9–17, Sa 9–13 Uhr

Gemeinschaftlich ernten Weinlieb-
haber auf Sylt ihre eigenen Reben.
›Solaris‹ wächst hier und heißt am
Ende auf Sylt ›Sölviin‹.

............................................................

TERMINE

............................................................

**Ringreiter-Turniere:** Juni–Aug. In Keitum üben sich Reiter im Wettstreit und versuchen, mit ihren Lanzen einen Ring aufzuspießen.

**German Polo Masters:** Anfang Aug. Das größte und bekannteste Poloturnier Deutschlands.

**Keitumer Mittwochskonzerte:** Ganzjährig finden mittwochs um 20.15 Uhr in St. Severin Konzerte statt, die sich unter Musikliebhabern großer Beliebtheit erfreuen. Gespielt wird auf einer vor wenigen Jahren neu erworbenen Mühleisen-Orgel, Organist ist Alexander Ivanow.

# Archsum 🗺 E 7

**Kein Trubel, keine Prominenz, tatsächlich noch landwirtschaftlich betriebene Höfe, von Einheimischen bewohnte Reetdachhäuser – Landleben. Beschaulich geht es zu in dem 330-Seelen-Dorf hinter dem Nössedeich. Der schützt seit 1937 die Marsch von Tinnum bis Morsum vor den Fluten der Nordsee.**

**F FINDLINGE**

Direkt neben der Kurverwaltung in der Dorfstraße liegen die Überreste der Archsumburg in Form von 65 Findlingen des Burgwalls. In den 1970er-Jahren wurde man bei Ausgrabungen in der Straße Borig (Borig = Burg) auf die Archsumburg aufmerksam. Gebaut wurde sie im 1. Jh. und sie besaß einen Ringwall von fast 100 m Durchmesser. Chronisten erwähnen sie noch im 15. Jh., und im 19. Jh. scheinen die Reste des Burgwalls abgetragen worden zu sein. Man vermutet heute, dass sich hier eine germanische Kultstätte befand.

**Rundwanderung um den Deich**

Auf einer herrlichen Strecke von gerade mal 2–3 km lässt sich der Deich im Umland von Archsum zu Fuß oder per Rad erkunden. Bitte bedenken Sie, dass auf dem Deich Schafe weiden und daher die Deichübergänge mit Schleusen versehen sind. Teilweise sind dort Stufen, sodass Ihr Rad dort gehoben werden muss.

Los geht's: Von Archsum aus über die Dorfstraße in den Uaster Reeg, dann rechts in den Melnknop und über den Deichweg hinweg. Dort liegt der Deich. Am seeseitigen Deichfuß ist eine Ansammlung von Findlingen sichtbar. Als Nächstes passieren Sie das **Steinzeitgrab Modjes Küül.** Übersetzte heißt es ›Großmutters Kuhle‹. Das Zeugnis vorgeschichtlicher Besiedlung in Archsum ist ca. 4000 Jahre alt, stammt also aus der Steinzeit. Leider ist das gangförmige Hünengrab nur bei Ebbe sichtbar.

Die Rundwanderung führt weiter auf dem Deich nach Norden zum ausrangierten Schöpfwerk, in dem heute die **Schutzstation Wattenmeer** (Koogstr., www.schutzstation-wattenmeer.de, Ausstellung April–Mitte Okt. 10–18 Uhr) untergebracht ist. Zurück nach Archsum folgen Sie der Koogstraße nach Norden und radeln oder gehen dann weiter auf der Keitumer Chaussee.

### 🏠 Mit nordischem Charme
**Friesenhaus Holst**

Im gepflegten Reetdachhaus finden sich fünf Ferienwohnungen mit so schönen Namen wie Nordlicht oder Mittsommernacht. Jeweils mit separatem Eingang und eigener Terrasse.

Norderstr. 12, T 04651 89 07 18, www. friesenhaus-holst.de, €€–€€€

### 🍴 Leckereien statt Lektionen
**Alte Schule**

In Klassenzimmer und Lehrerwohnung der ehemaligen Schule kann man sich norddeutsche Spezialitäten schmecken lassen: Fisch (Matjes, Brathering), Birnen, Bohnen und Speck sowie Wildgerichte; lecker auch das Tomatenbrot mit Schafskäse.

*Wer ruft die Kirchgänger zum Gottesdienst? Die Wehrkirche St. Martin in Morsum kommt ohne Turm aus. Die Glocke schwingt in einem Glockenstapel nebenan.*

Dorfstr. 6, T 04651 89 15 08, www.alteschule-sylt.de, in der Saison Do–Di 12–14.30 und 17–22, außerhalb der Saison 17–22 Uhr, €€€

### 🍯 Honig und mehr
**Imkerei**
Den besten weißcremigen Honig der Insel bekommt man im Pfauenhof, zudem handgedrehte Kerzen, Bienenwachs und Gemälde, denn Imker Wolfgang Thoms greift gerne zu Pinsel und Leinwand.
Norderende 20 (Pfauenhof-Galerie), T 04651 89 02 78

### 🔄 Drauf los radeln
**Fahrradverleih Schibielok**
Hier gibt es alles, was man für die Radtour braucht.
Weesterstig 2, T 04651 89 03 49

### ❶ Infos und Termine
**Tourismus-Service:** Der nächste Tourismus-Serive ist in Keitum im Gurtstig 23 (▶ S. 79).
**Ringreiter-Turniere:** Juni–Aug. Auch in Archsum sind die Wettkämpfe zu Pferd sehr beliebt und so gibt es davon in den Sommermonaten viele.

# Morsum 📖 F 7/8

**Der Ort punktet mit einer traumhaften Landschaft: ausgedehnte Wiesen und Felder, die zu ausgiebigen Radtouren und Wanderungen einladen, bis hin zum Nössedeich, der von grasenden Schafen bewohnt wird. Ganz im Osten schließt sich eine malerische Heidelandschaft an, in der so seltene Pflanzen wie Enzian oder Knabenkraut gedeihen. Ganz zu schweigen von der Einzigartigkeit des beeindruckenden Morsum-Kliff.**

### Kirche St. Martin
Auf einer flachen Hügelkuppe erhebt sich die Wehrkirche über die Marschen. Das turmlose Gebäude (der hölzerne Glockenstapel steht nebenan) ist das älteste Gotteshaus der Insel: ein spätromanischer Bau (um 1190) mit einem holzgeschnitzten Flügelaltar aus dem 16. Jh. Im Sommer finden regelmäßig am Sonntagabend Orgel-

# 11

# Auf Expedition –
# das Morsum-Kliff

**Willkommen auf Sylt! Das Morsum-Kliff begrüßt Sie schon aus der Ferne übers Watt, wenn Sie über den Hindenburgdamm zur Insel reisen. Schwarz, rot und weiß reihen sich die verschiedenen Erdschichten an der Steilküste nebeneinander. Zum Glück gab es Widerstand, als man darüber nachdachte, das Kliff als Baumaterial für den Hindenburgdamm zu nutzen.**

Die Eiszeit hat das Kliff, das bis zu 20 m steil abfällt, gleichsam aufgefächert. Anhand der Farben können Sie das jeweilige Alter der Schichten erkennen: Schwarz ist das 8–10 Mio. Jahre alte Glimmerton-Kliff, rot das 4–6 Mio. Jahre alte Limonitsandstein-Kliff und weiß das 2–3 Mio. Jahre junge Karolinsand-Kliff. Funde im Glimmerton des Kliffs deuten darauf hin, dass die Urnordsee vor 8–10 Mio. Jahren in etwa zwei Drittel von Schleswig-Holstein bedeckte. Das Klima war vermutlich dem der nordafrikanischen Atlantikküste ähnlicher als dem herben norddeutschen Klima unserer Zeit.

## Erdgeschichte zum Anschauen

Diese Exkursion führt in die turbulente Entstehungsgeschichte der Insel: 10 Mio. Jahre Erdgeschichte und über 400 Mio. Fossilienfunde! Normalerweise wäre eine Kernbohrung notwendig, um die einzelnen, Millionen Jahre alten Gesteine in solcher Form zu sehen. Nicht auszudenken, das Kliff wäre abgetragen worden. Seit 1923 gehört es zu den ersten Sylter Landstrichen, die unter Naturschutz gestellt wurden. Diese Initiative geht u. a. auf Ferdinand Avenarius zurück, der sich auf Sylt als Naturschützer und Kunstförderer einen Namen machte.

## Entdeckungstour am Kliff

Vom Parkplatz Nösse gehen Sie an dem unter neuer Leitung 2016 wiedereröffneten **Landhaus Severin*s Morsum Kliff** ❶ in fantastischer Lage vorbei und biegen links auf den Bretterweg ein.

Durch die Heide geht es abermals links zu einer Aussichtsplattform mit Infotafel. Und jetzt: Blick schweifen lassen, auf Kliff, Watt, Leuchttürme und hinüber bis nach Dänemark. Heidelandschaften säumen landseitig das Kliff. Dort blüht dunkelblau der auf der Roten Liste stehende Lungenenzian. Aber auch das Gefleckte Knabenkraut aus der Familie der Orchideen gedeiht auf Sylt. Schön anzusehen ist auch der fleischfressende Sonnentau mit den kleinen weißen Blüten.

Am Fuß des Kliffs werden die verschiedenen Farben und Härtegrade der Steine ersichtlich. Der schwarze Glimmerton ist eher weich, der Limonitsandstein ist rot und hart und der Karolinsand bildet große weiße Flächen aus. Ein vordringender Gletscher schuppte die einzelnen Schichten vor 500 000 Jahren auf, wodurch die einzelnen Sandsteine einbrachen und so an die Oberfläche traten.

*Schwarz, rot, weiß: Am Morsum-Kliff staunen nicht nur Geologen.*

Die kleinen Löcher im Kliff stammen von der Uferschwalbe, die statt in Nestern lieber in Röhren lebt. Ein anderer Höhlenbrüter ist die Bargente, zu erkennen an ihrem schwarz-weiß gefleckten Gefieder. Augen auf am Spülsaum des Strandes: Die Sandregenpfeifer verstecken genau hier ihre Eier.

---

INFOS/FÜHRUNGEN

Wer mehr erfahren möchte, kann sich einer Führung der Naturschutzgemeinschaft Sylt e. V. mit Sitz im **Naturzentrum Braderuper Heide** (▶ S. 64) anschließen.

---

KULINARISCHES FÜR ZWISCHENDRIN

**Landhaus Severin*s Morsum Kliff**
❶: Das legendäre Hotel am Morsum-Kliff fand neue Besitzer. Nun können Sie hier wieder auf der Terrasse nach dem Spaziergang am Kliff Kuchen und Kaffee (€) genießen und sich an dem schönen Ausblick satt sehen oder abends gepflegt speisen (Nösistig 13, T 04651 46 06 88-0, www.landhausseverins.de, Mi Ruhetag, sonst Tages-/

Kuchenkarte 12–16/17, Abendessen ab 17 Uhr, €€€).

*Von Morsum radelt's sich schön über den Dikwai bis zum Katrevel. Bei Sonnen-untergang schlagen hier romantische Herzen höher.*

konzerte statt. Die winzige Kirche füllt sich schnell mit dem Klang der Orgel, in dem die Zuhörer dann schwelgen (Haawerlön 5).

### Mutige Männer …

Was steht denn da am Ortsausgang Richtung Archsum? Ein wenig befremdlich sieht es schon aus, das sog. **Eisboot** mit fünf lebensgroßen Puppen an Bord. Im Winter ziert sie Friesennerz und im Sommer Fischerhemde. Mitte des 18. Jh. bis 1923 kamen die Eisboote zum Einsatz. Das Boot mit Riemen, Segeln und Kufen fungierte im Winter als Post- und Medikamentenboot. Bis zur Einweihung des Hindenburgdamms wurde das Eisboot gerudert oder über das zugefrorene Wattenmeer gezogen, wenn Morsum völlig von der Welt abgeschnitten war. Alles andere als ungefährlich, aber lebensnotwendig waren diese Fahrten. Das Eisboot in Morsum setzt all den mutigen Männern, die den Ort so versorgten, ein Denkmal.

### ⌂ Glückliche Kinder, erholte Eltern
**Hoffmann**

So stellt man sich Urlaub auf dem Bauernhof vor! Auf der Liegewiese mit Strandkorb dösen, die Kinder auf dem Spielplatz, in der Ferne das Geklapper der Pferdehufe, ein Schwein grunzt, die Ziegen meckern. Der schöne Hofladen bietet regional Selbstgemachtes und in Hellas Spinnstube kann man klöppeln, stricken, spinnen lernen. Die Ferienwohnungen sind in Ordnung und der Hof macht Familien glücklich.

Skellinghörn 13, T 04651 89 02 38, www. sylt-bauernhof.de. 3 Apartments für 2–6 Pers., €

### ⌂ So macht Camping Spaß
**Camping Mühlenhof**

Der ruhig gelegene Wiesenplatz nahe dem Ortskern bietet 50 großzügige Stellplätze (100 m²), die mit Hecken voneinander abgegrenzt sind, sowie gepflegte und moderne Sanitäranlagen. Auf dem Platz sind Hunde erlaubt.

Melnstig 7, T 04651 89 04 44, www.camping platz-sylt.de, ganzjährig geöffnet, €

🍴 **Tolle Terrasse**
**Café und Teestube Ingwersen**
Auf der wunderschönen Außenterrasse sitzen und – je nach Tageszeit – ein leckeres Frühstück, Snacks oder auch einen Friesentee mit Kuchen frisch aus der Backstube schlemmen. Die Teekarte zählt über 30 Sorten, seinen Lieblingstee kann man auch für Zuhause kaufen.
Terpstig 78, T 04651 82 33 42, www.ingwersen-sylt.de, Café tgl. 8–18 Uhr, Bäckerei Mo–Sa 6.30–18.30, So 8–17 Uhr, €

🍴 **Gutes Essen zu normalen Preisen**
**Wie zu Hause**
Darf's noch ein bisschen mehr sein? Die hausgemachten Kuchen auf der Sonnenterrasse im Muasem-Hüs sind lecker. Auf der Karte steht außerdem Herzhaftes von Kohlrabischnitzel bis Kutterscholle. Wer glaubt, dass es auf Sylt gutes Essen serviert von nettem Personal auf einer sonnigen Terrasse und das zu Preisen, die einen nicht aus den Schuhen hauen, nicht gibt, sollte hierher kommen.
Bi Miiren 17, T 04651 835 15 83, www.wiezu hause-morsum.de, Di–So 12–14 und 17–22 Uhr, €–€€

🛍 **Wie das duftet!**
**Sylter Seifenmanufaktur**
Im schönen Laden hinter der blauen Schiebetür bietet Kerstin Deppe gut duftende handgesiedete Sylter Pflanzenseifen an. Sie sehen nicht nur hübsch aus, sondern sind auch authentische Pflegeprodukte von der Insel.
Bi Miiren 11, T 04651 460 99 77, www.sylter seifen.de, Mo–Fr 10–16 und Sa 10–15, in der Hauptsaison auch So 11–15 Uhr

🛍 **Regional einkaufen**
**Hansenhof**
Eier von glücklichen Hühnern direkt vom Hof und dazu noch leckere selbstgemachte Gelees. Aber das ist natürlich noch längst nicht alles, was bei Hansens

im Hofladen die Regale füllt.
Terpstig 65, T 0171 238 50 74, www.hansen hof-sylt.de, Mo–Fr 9–17.30, Sa 9–16 Uhr

🛍 **Für alle, die das Besondere lieben**
**Werkstatt**
Silber- und Goldschmiede von Edda Raspe, die ungewöhnliche, edle Schmuckstücke herstellt. Gelegentlich auch Ausstellungen anderer Künstler.
Terpstig 15, T 04651 89 02 58, www.edda-raspe.de

🐴 **Hoch zu Ross am Strand entlang**
**Reiterhof Lobach**
Täglich Ausritte nur für Fortgeschrittene sowie Unterricht für Kinder und Erwachsene.
Litjmuasem 16, T 04651 89 02 39

ℹ **Infos und Termine**
**Kurverwaltung:** Bi Miiren, T 04651 89 07 32, Mai–Okt., Ostern, Weihnachten/Neujahr Mo–Fr 9–13, 14–17, Sa/So 9.30–12.30, sonst Mo–Fr 9–13, 14–17 Uhr
**Ringreiterturniere:** Mai–Juli. Ab Pfingstsonntag an sieben Wochenenden
**Herbstmarkt ›Goldener Oktober‹:** Sept. Die Morsumer Kulturfreunde laden ins Muasem Hüs ein und zeigen tolle Sylter Produkte.
**Morsumer Kulturfreunde:** Der Verein bietet übers Jahr verschiedene Veranstaltungen wie Konzerte und Lesungen an, nachzulesen unter www.morsumer-kulturfreunde.de

**ÜBRIGENS**

Morsum entwickelte sich vom 9. bis 18. Jh. zum größten Inseldorf. So kann auch der Name entstanden sein: ›Hur muar sen‹ ist friesisch und heißt soviel wie ›wo mehr Leute sind‹. Bis Morsum von Touristen entdeckt wurde, blieb es dann aber ein stilles, altes Bauerndorf, geprägt von Landwirtschaft.

# Sylts Süden, Amrum, Föhr, Halligen

Der Inselsüden lockt mit viel Platz in den Dünen, an Watt und Strand. Kilometerweit nur Meer, Wind, Dünengras … Und dann, mittendrin, stoßen Sie in kultigen Strandrestaurants auf Menschen in bester Urlaubslaune. In keinem Fall sollten Sie die Runde um das Rantumbecken und die Tour an der Odde auslassen! Wer etwas mehr Zeit hat: Amrum, Föhr oder die Halligen locken.

# Rantum 🗺 C 8

**Sterneküche im Gourmetrestaurant, Fischbrötchen am Rantumer Hafen oder Aperol Spritz mit Blick auf die Nordsee. Von Sturmfluten zerrissen, unter Flugsand verschüttet, drei Mal auferstanden, liegt Rantum heute idyllisch in den Dünen. Am Gürtel der Insel, an dem Sylt nur 600 m breit ist, müssen Sie sich nur einmal im Kreis drehen, um vom Watt über Dünen bis zur Nordsee zu schauen. Der ausgedehnte Strand ist Tummelplatz für Sonnenanbeter und Wasserratten und mit seinen Strandabschnitten Sansibar und Samoa ein Paradies für FKK-Anhänger. An der Wattseite wiederum können Sie sich den Wind um die Ohren pusten lassen, bei einer Wanderung oder Radtour über den Deich rund um das Naturschutzgebiet Rantumbecken, Rast- und Brutstätte zahlreicher Vogelarten, oder beim Besuch der Vogelkoje Eidum.**

## WAS TUN IN RANTUM?

### Hafenstraße zum Watt

Zwischen Ferienanlage, der Herberge ›Dorfhotel‹ und dem Jugenderholungsheim ADS führt die immer lebendiger werdende Hafenstraße zum Watt. Das Erste, was Ihnen ins Auge fallen wird, ist der gläserne Rundbau der **Sylt Quelle** **1** auf der linken Seite und gleich daneben die große Halle, auf der das Wort »Meerkabarett« prangt. Hier pilgern im Sommer jene Urlauber hin, die gut unterhalten werden wollen und sich dann durch das Zirkuszelt in die Mineralwasserabfüllhalle leiten lassen, in der die Bühne steht. Den gläsernen Rundbau davor sollten Sie einmal näher betrachten. Aus knapp 600 m Tiefe wird das Inselwasser südlich von Rantum abgepumpt und in kultige Brause verwandelt. Im Rundbau selbst können Sie von einem Zapfhahn das frische Wasser der Sylt Quelle kosten. Im Erdgeschoss sind wechselnde Ausstellungen zu sehen und auf der Wiese davor dauerhafte Outdoor-Skulpturen installiert. Überhaupt wird hier Kunst großgeschrieben. Alljährlich residieren in Rantum auf Einladung der Sylt Foundation ›Inselschreiber‹ wie Juli Zeh und afrikanische Künstler wie Jaco van Schalkwyk (Hafenstr. 1, T 04651 20 15 57, www.sylt-quelle.de, tgl. ab 10 Uhr–Open End, außerhalb der Saison So–Fr 10–18 Uhr).

Über die kleine Straße, auf der Sie hergekommen sind, passieren Sie u. a. den Imbiss **DeLüx Curry** **7** und das **Sansibar Store** **6**. Folgen Sie der Kurve der Straße, gelangen Sie zum kleinen Rantumer Hafen. Immer mittwochs bekommen Sie am hiesigen **Hafenkiosk24** **5** frischen Räucherfisch. Nebenan können Sie mit einem Schluck Sylter Whisky vom **Sylter Trading Kontor** **2** nachspülen. Frisch gestärkt, können Sie nun das Rantumbecken näher unter die Lupe nehmen oder Sie wenden sich rechts herum auf den Deichweg (rechter Hand liegt einer der wenigen Wälder der Insel) und spazieren weiter in den Ort hinein.

### Schiff ahoi!

Der kleinste und jüngste **Hafen** **2** Sylts versteckt sich hinter einem kleinen Deich im Watt. Bei Flut schaukeln die Schiffe und Boote auf den Wellen und versinken bei Ebbe im Schlick. Das macht das Einlaufen der Segel- und Jachtboote zu einer kleinen Herausforderung: Durch das sogenannte Eidum-Tief ist das Anlaufen nur ungefähr zwei Stunden vor und nach Hochwasser möglich.

### Vogelkoje Eidum

**3** Die ehemalige Entenfanganlage bietet heute der bedrohten Vogelwelt Schutz. Auf einem naturkundlichen Lehrpfad und im Ausstellungsraum kann man sich über Gebiet und Vögel informieren (An der Straße, Rantum–Westerland, Abzweigung Klärwerk, T 04651 58 12, Di–So ab 10 Uhr).

# RANTUM

## Sehenswert
1 Sylt Quelle
2 Hafen
3 Vogelkoje Eidum

## In fremden Betten
1 Söl'ring Hof
2 Dorfhotel Sylt
3 Alte Strandvogtei
4 Campingplatz Rantum

## Satt & glücklich
1 Sansibar
2 Strandmuschel
3 Coast
4 Samoa Seepferdchen
5 Hafenkiosk24
6 Der Pate
7 DeLüx Curry Sylt

## Stöbern & entdecken
1 Kaffeerösterei
2 Sylter Trading Kontor
3 Sansibar Store

## Wenn die Nacht beginnt
1 Meerkabarett

## Sport & Aktivitäten
1 Fahrradverleih
2 Surfschule Sylt

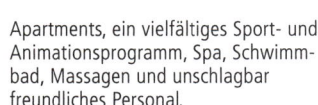

---

## SCHLEMMEN, SHOPPEN, SCHLAFEN

 **In fremden Betten**

### Luxus satt
**Söl'ring Hof** 1
Man gönnt sich ja sonst nichts … Der Reetdachbau thront in den Dünen. Das Personal errät jeden Wunsch, die Ausblicke: traumhaft, das Essen: sagenhaft und – Sie ahnen es schon – die Preise ebenso.
Am Sandwall 1, T 04651 836200, www. soelring-hof.de, €€€

### Für Familien toll
**Dorfhotel Sylt** 2
Die kinderfreundliche Anlage am Rande des Rantumbeckens bietet komfortable Apartments, ein vielfältiges Sport- und Animationsprogramm, Spa, Schwimmbad, Massagen und unschlagbar freundliches Personal.
Hafenstr. 1a, T 04651 460 90, www.dorfhotel. com, €€€

### Wohlfühlen und genießen
**Alte Strandvogtei** 3
Strahlend weiß liegt das 200 Jahre alte Reetdachhaus am Watt und bietet 15 gemütliche Zimmer. Mit Wellnessbereich.
Merret-Lassen-Wai 6, T 04651 922 50, www. alte-strandvogtei.de, €€

### Unterm Sternenhimmel
**Campingplatz Rantum** 4
Am Rand des Vogelschutzgebietes, 450 Stellplätze, moderne Sanitäranlagen.

# 12

# Ein Biotop für Vögel –
# **Rantumbecken**

**Die Artenvielfalt der Vögel am Rantumbecken ist enorm, um das zu erkennen, muss man kein Ornithologe sein. Trotz oder gerade wegen seiner wechselhaften Vergangenheit hat sich hier ein Paradies für Zug- und einheimische Vögel entwickelt, dessen Entdeckung Sie sich nicht entgehen lassen sollten.**

Wie das Frühstücksbrot immer mit der Marmeladenseite nach unten fällt, so kommt – vermeintlich – auf Sylt der Wind immer von vorne, sobald man aufs Rad steigt … Das sollte Sie aber nicht abschrecken, dieses ruhige, gut 560 ha große Vogelparadies radelnd für sich zu entdecken. Der Weg am Rantumbecken entlang verläuft jedenfalls wunderbar eben. Wer trotzdem lieber per pedes unterwegs ist, schafft es genauso, die kompletten 9 km zu erwandern, oder erforscht das Gebiet eben nur ein Stück weit.

## Krieg und Frieden

Erst 1938 trennte das Militär das heutige Rantumbecken mit einem 5 km langen Deich von der Rantumer Bucht ab. Die Wehrmacht wollte so einen tideunabhängigen und geschützten Seefliegerhorst schaffen, also einen Flughafen für Wasserflugzeuge. Nach der Fertigstellung wurde das Becken jedoch nie genutzt. Auch die Idee, hier Tauchpanzer zu testen, ließ man fallen. Nach dem Zweiten Weltkrieg beabsichtigte man, das Becken trocken zu legen, ein weiteres Vorhaben, das nie umgesetzt wurde. Stattdessen leiteten die Westerländer ihre Abwässer ins Rantumbecken. Nach 1962 war damit Schluss: Das Gebiet wurde renaturiert, Ende des Jahrzehnts zum Europareservat ernannt und unter Naturschutz gestellt.

## Salz- und Süßwasser

Heute strotzt das Becken nur so vor Leben: Wiesen- und Sumpfbiotope, Steininseln, Binnenteiche und weite Schilfflächen bieten vielfältige

*Zum Mittagessen ein Leckerbissen! Für den Fischreiher ist das Rantumbecken ein kulinarisches Paradies.*

Brutmöglichkeiten, Nahrungs- und Rastflächen. Das Rantumbecken teilt sich in einen südlichen und einen nördlichen Bereich. In den größeren südlichen Teil fließt durch ein Siel Meerwasser aus der Nordsee ein. So entstanden Lebensräume im und am Salzwasser: Über 30 See- und Wasservogelarten brüten hier. Lach- und Silbermöwen fühlen sich auf den Landzungen und Inseln wohl, ebenso wie Säbelschnäbler und Küstenseeschwalben. Der Vorteil der Inseln ist natürlich auch die Abwesenheit von Nesträuber Fuchs. Auf dem Damm vom Rantumer Hafen bis zum Siel haben Sie Sicht auf das Treiben im Wattenmeer und im Becken zugleich.

Im nördlichen Teil liegt, durch einen niedrigen Deich abgetrennt, das Süßwassergebiet. Wiesen, Schilf und Teiche bieten geschützte Brutstätten. Halten Sie nach Haubentauchern und Graureihern Ausschau. Bekassinen und Kiebitze brüten direkt auf den Wiesen. Dort, wo das Schilf weiter verlandet, bauen viele Singvögel ihr Nest.

## Der Himmel voller Vögel

Besonders beeindruckend wird es im Herbst und Frühling: Tausende von Brand- und Eiderenten sowie Watvögel legen in riesigen Schwärmen auf ihren Zügen nach Südeuropa, Sibirien & Co im Rantumbecken eine Rast ein. Ob zur Brut- oder zur Vogelzugzeit – am Rantumbecken hat jede Jahreszeit ihren Reiz.

INFOS/FÜHRUNGEN

**Verein Jordsand:** Der Verein bietet unterschiedliche Führungen an, z. B. vogelkundliche Führungen ums Rantumbecken. Sie können mit Jordsand aber auch an Wanderungen zu den Brutinseln teilnehmen (Vogelwart ADS: Gerd-Lausen-Haus, Am Torbogen 7, T 01520 592 59 28, www.jordsand.de).

FISCH & CURRYWURST

**Hafenkiosk24 ❺:** Am Rantumer Hafen wird Deftiges gereicht, von Matjesbrötchen bis zur Currywurst mit Pommes (Hafenstr. 24, T 04651 73 91, www.hafenkiosk 24.de, tgl. 11–17 Uhr, €).

Hörnumer Str. 3, T 04651 807 55, www.
camping-rantum.de, Ostern–Mitte Okt., €

.........................................................

 **Satt & glücklich**

### Hier muss man gewesen sein
**Sansibar** ❶

*Das* Strandlokal der Insel. Ein Tisch ist
bei Herbert Seckler nur nach Vorbestellung schon Wochen im Voraus zu
ergattern. Doch keine Sorge, alle, die
bereit sind, um die Strandbude herum
ein Plätzchen zu suchen, werden von
den Kellern bedient. Küche und Stimmung sind stets auf dem Höhepunkt (▶
auch S. 95). Auf der Terrasse kann
man es sich am Nachmittag auch mit
hausgemachten Kuchen gut gehen lassen. Für Weinliebhaber lagern im Keller
35 000 Flaschen Wein. Wer nach einem
Besuch berechtigterweise Fan ist, kann
vor Ort Merchandising-Artikel kaufen
oder sucht den Outlet-Store gegenüber
der Sylt Quelle auf.
An der Straße nach Hörnum (Hinweisschilder),
T 04651 96 46 46, www.sansibar.de, Küche tgl.
durchgehend 10.30–23 Uhr, €€–€€€

### Nicht nur zum Sonnenuntergang
**Strandmuschel** ❷

Am Übergang zum Hauptstrand ist das
kleine Bistro den ganzen Tag über ein
beliebter Treffpunkt. Eine Mischung
aus Hausmannskost und mediterraner
Küche … und zum Sonnenuntergang
gibt's Prosecco zum halben Preis, um
den Tag würdig zu verabschieden
(▶ S. 94).
Strandstr. 30, T 04651 271 75, www.strand
muschel-sylt.com, Ostern–Okt. tgl. 10–Open
End, Küche 12–21 Uhr, danach kleine Abendkarte und Tapas, €€€

### Regionale Geschmacksexplosion
**Restaurant Coast** ❸

Modern, hell, maritim angehaucht und
einfach zum Wohlfühlen (▶ S. 94).
Stiindeelke 2, T 04651 15 51, www.restaurant-
coast.de, Mi–Mo ab 17 Uhr, €€

### Doppelter Meerblick
**Samoa Seepferdchen** ❹

Am Strand. Im Sommer ist die Terrasse
gut besucht. Die Kinder spielen im
Sand und man kann das Essen so
richtig genießen: tagsüber leckere

*So ein Tag am Meer macht hungrig und durstig, da freut man sich doch über die
fabelhafte Versorgung in netten Strandlokalen.*

Kleinigkeiten, abends große Karte (▶ S. 95).
Hörnumer Str. 70 (Hinweisschilder), T 04651 55 79, www.samoa-seepferdchen.de, tgl. ab 12 Uhr, Mittagessen €€, abends €€€

**Von Pannfisch bis Currywurst**
**Hafenkiosk24** ❺
▶ S. 91

**Mafiös gut**
**Restaurant Der Pate** ❻
Italienische Küche mit leckerster Pizza. Im Garten Trampoline für die Kinder.
Hörnumer Str. 5, T 04651 957 60 00, www.derpate-sylt.de, Mo–Sa 17.30–22 Uhr, €€

**Der Name ist Programm**
**DeLüx Curry Sylt** ❼
Zur Currywurst ein Gläschen Champagner? Im Imbiss gibt's tolle Kombinationsmöglichkeiten, trotzdem ist die Atmosphäre bodenständig gutgelaunt.
Hafenstr. 4, T 0174 354 53 13, www.deluex currysylt.de, Mo–Fr 11–20, Sa/So 11–18 Uhr, €–€€

**Stöbern & entdecken**

**Ein Duft liegt in der Luft**
**Kaffeerösterei Sylt Christian Appel**
Über die Website erfahren Sie die Röstzeiten, sodass Sie live dabei sein können. Kaffeeverkauf und kleines Café.
Hafenstr. 9, T 04651 299 57 57, www.kaffee roesterei-sylt.com

**Probieren erlaubt**
**Sylter Trading Kontor** ②
Probieren Sie Whiskys, Gins und Liköre. Hier werden auch Tastings veranstaltet, die sowohl für Einsteiger als auch für Kenner geeignet sind. Genießern sei der Sylter Tide Whisky empfohlen: feinster vier Jahre gelagerter Single Malt. Er wird in Fässer gefüllt am Meeresboden verankert und den Gezeiten übergeben. Das Ergebnis der außergewöhnlichen Reifung schmeckt richtig gut!
Hafenstr. 14, T 04651 995 90 26, www.sylter-trading.de, tgl. 11.30–18.30 Uhr

Der Name Rantum soll auf Ran, die nordische Göttin des Seetodes, zurückgehen. Bis ins 18. Jh. waren die Rantumer als Strandräuber gefürchtet. Sie plünderten nicht nur gestrandete Schiffe, sondern banden ihren Kühen Fackeln an die Hörner, um in der Nacht Seefahrer in die Irre zu führen. Aus Rantum stammt auch der im 18. Jh. reichste Mann der Insel: Lorens Petersen de Hahn. Er war Kommandeur von Walfangschiffen und starb 1750 in seinem Haus, das er sich am Südende von Westerland hatte bauen lassen.

**Für wahre Fans**
**Sansibar Store**
Das Outlet der Kultmarke mit leckeren Weinen.
Hafenstr. 6, Mo–Sa 10–19 Uhr

**Wenn die Nacht beginnt**

In der **Sansibar** ❶ (▶ S. 95) wird die Nacht zum Tag gemacht!

**Bühne frei**
**Meerkabarett** ①
In der Industriehalle (und im Keitumer Friesensaal) wird von Anfang Juli bis Anfang September auf der Bühne gelacht, gespielt und gesungen. Von schrill bis melancholisch, von scharfsinnig bis albern, Stars und Newcomer der Kabarettszene – eine bunte Mischung.
Hafenstr. 1, in der Sylt Quelle, T 04651 47 11, www.meerkabarett.de

**Sport & Aktivitäten**

**Baden**
8 km langer, breiter Sandstrand an der Westküste, zudem kann man bei Flut an der seichten Wattseite baden.

# Lecker und mit Flair –
## Essen gehen auf Sylt

**Das Essen auf Ihrem Teller braucht keine Zubereitung durch einen Sternekoch, um Sie glücklich zu machen, und wer da einen Tisch weiter schmaust, ist Ihnen auch ziemlich wurscht? Wenn Sie Ihr Galakleid zu Hause haben hängen lassen und es vorziehen, in einem stimmungsvollen Lokal Gutes aufgetischt zu bekommen, möchte ich Ihnen gerne einige Adressen ans ▼ Herz legen.**

Es soll ja bekanntlich drei Gründe geben, warum Urlauber nach Sylt kommen: der Strand, der Strand – und die Restaurants. Auf der Insel finden sich in kürzester Distanz viele Edelschuppen. Wenn Sie nichts für Schickimicki übrig haben, sondern Entspannung auf ihrer Wunschliste für den Urlaub ganz oben steht, gibt es auch für Sie beste Adressen auf Sylt, die durchaus einen besonderen Touch besitzen und etwas Unerwartetes bieten. Adressen, an denen Sie in schönem Ambiente schlemmen können, und das zu akzeptablen Preisen, finden Sie in vielen Inselorten, beispielsweise im Café Lund in Hörnum, im Brot & Bier in Keitum oder – ganz unkompliziert – in der Beachbox in Westerland, um nur drei zu nennen. Doch jetzt zu meinen Lieblingsadressen in Rantum.

*Hunger? Frische Küche von hoher Qualität gibt's auch abseits der Edelschuppen.*

### Schlemmen, schlemmen, schlemmen

Die **Strandmuschel** ❷ ist zu jeder Tageszeit ein entspannter Ort. Das legere Bistro mit Surfbrettern an der Decke und Strandkörben auf der Terrasse sollten Sie unbedingt als Sundowner-Location im Hinterkopf behalten. Wer pünktlich zum Sonnenuntergang mit Prosecco anstoßen möchte, bekommt ihn dann für den halben Preis. Ab 17.30 Uhr gibt es neben den Hauptspeisen auch leckere Tapas am Tresen.

Tolle Lampen über der Bar und an den Wänden schicke Fisch-Tapeten – im wirklich schönen, modernen, hellen, nordisch-skandinavischen Innenraum des **Restaurant Coast** ❸ lässt man sich gerne nieder. Wenig Schnickschnack lautet hier die Devise und auch bei den Gerichten – Steaks, Kabeljaufilet, Risotto, Käseplatte – setzten die Inhaber auf qualitätvolle Zutaten, ohne überflüssiges Beiwerk – denn gute Produkte schmecken eben auch so. Frühstück gibt's hier übrigens auch …

## Kaffeezeit: Logenplatz am Meer

Entspannt in den Dünen, das Rauschen der Brandung im Ohr, der Blick schweift über das Wattenmeer – relaxen leichtgemacht. Das **Samoa Seepferdchen** ❹ ist eine Institution unter den Strandbistros. Die schönsten Plätze gibt es unter den Sonnensegeln auf der Terrasse: Leckeren Kuchen mit Sahne bestellen und in einen der Strandkörbe zurücksinken. Wunderbar! Von der Mittagskarte kann man sich auch so einige Leckereien bestellen, die Abendkarte wird schon preisintensiver.

## Zum Sonnenuntergang: Sansibar

Die **Sansibar** ❶ ist auf Sylt längst Kult (▶ auch S. 92). Sie erwartet eine alpin anmutende Skihütte in den Dünen mit bodenständigem Essen und bestem Wein nebst Champgner. In der Hochsaison brechend voll und ausgebucht, lohnt sich der Versuch, hier wenigstens zum Sonnenuntergang einen Absacker zu nehmen, auf jeden Fall. Wem zu viel los ist, der weicht auf den Minikiosk am Strandübergang aus und platziert sich vor dem Meer. Und ist dann aus der Sansibar »Wenn bei Capri die rote Sonne im Meer versinkt« zu hören, bewegt sich alles zum Strand, um die Sonne untergehen zu sehen – nicht vor Capri, aber in der Nordsee vor Sylt. Adieu, du schöner Tag!

*Gehört zum Urlaub dazu: ein hübsches Plätzchen, leckeres Essen und ein guter Wein.*

---

GEPFLEGT ESSEN GEHEN

**Sansibar** ❶: An der Straße nach Hörnum (siehe Hinweisschilder), T 04651 96 46 46, www.sansibar.de, Küche tgl. durchgehend 12–23 Uhr, €€–€€€
**Strandmuschel** ❷: Strandweg 30, Rantum, T 04651 271 75, www.strandmuschelsylt.com, tgl. 10 Uhr–Open End

**Restaurant Coast** ❸: Stiindeelke 2, Rantum, T 014651 15 51, www.restaurant-coast.de, Mi–Mo ab 17 Uhr
**Restaurant Samoa Seepferdchen** ❹: Hörnumerstr. 70, T 04651 55 79, www.samoa-seepferdchen.de, tgl. ab 12 Uhr mittags €€, abends €€€

**Faltplan:** C 8 | Cityplan S. 89

Einst gab es die Strandvögte, die mitunter bis zu 20 km Strand überwachen sollten. Ihre Aufgabe war es u.a., angespültes Gut von gekenterten Schiffen zu sichern, bevor sich die Sylter darum stritten. Doch selbst ist die Frau: Wenn eine gewiefte Sylterin z.B. ein angeschwemmtes Fass am Strand sah und der Strandvogt von weitem nahte, zog sie durchaus kurzerhand blank, sodass der Anstand den Strandvogt dazu zwang, nicht näher zu kommen. Bis er aufgab und wegging – und die Frau die Beute nach Hause rollen konnte.

### Wandern

Die knapp 10 km lange schöne Wattwanderung von Rantum nach Süden bis Hörnum führt vorbei an Salzwiesen und z.T. durch Mischwatt, in dem man tief einsinken kann. Gummistiefel schützen vor Muschelschalen. Versuchen Sie es nicht ohne Wattführer!

### Von Sonnenstrahlen gekitzelt
**Fahrradverleih** ❶

Wind um die Ohren, Nase in der Sonne: Ob ums Rantumbecken oder immer am Deich entlang – Fahrrad muss sein.
Hörnumer Str. 11, T 04651 83 50 00

### Rauf aufs Bord
**Surfschule Sylt** ❷

Kurse und Verleih und vor allem auch Surfcamps übers Wochenende oder gleich sieben Tage am Stück.
Baakdeel (an der L24), T 01523 172 06 76, www.surfschulesylt.de

---

#### INFOS

**Kurabgabe:** 3,50 €
**Tourismus-Service Rantum:** Strandweg 7, Rantum, T 04651 99 80, www.

rantum.de, Ostern, Mai–Okt., Weihnachten/Neujahr Mo–Sa 9–17, So 9–13, sonst Mo–Do 9–17, Fr 9–13 Uhr
**Busse:** Nach Hörnum und nach Westerland. www.svg-busreisen.de

---

#### TERMINE

**Meerkabarett:** Juli–Sept. (▸ S. 93)
**RUN:** Sept. Ums Rantumbecken über 10 km. Gleichzeitig Naturerlebnis und sportliche Herausforderung.

# Hörnum  C 12

**So sieht es also aus, das Ende der Welt, wie der Insulaner die Südspitze Sylts nennt. Die Hörnum-Odde ist allerdings kaum noch eine Spitze und verkleinert sich weiter rapide. Die Dünentäler davor wirken endlos, das Watt ist nah. Mehr Meer geht nicht! Hörnum war lange ein kleines Familiendörfchen am Ende der Insel. Nun hat es sich vom anfänglich hässlichen Entlein zum Schwan entwickelt, mit einer gemütlichen Hafenpromenade, coolen Strandrestaurants und originellen Hotels.**

### Auf Robbensafari

Ein Mädchen namens Willi haust im **Hörnumer Hafen.** Dick und gemütlich ist sie mittlerweile, weil alle Kinder sie so gerne füttern. Die Rede ist vom Star Hörnums: Kegelrobbe Willi. Lassen Sie ihr inneres Kind heraus und stratzen auch Sie als Erstes in Hörnum an den Hafen und schauen, ob Willi da ist. Der Hafen wurde 1899 vom Hamburger Reeder Albert Ballin in Auftrag gegeben, damit die Schiffe seiner Nordsee-Linie nicht mehr um den Ellenbogen herum bis nach Munkmarsch fahren mussten. Als dann 1901 die ersten Gäste kamen, gab es in Hörnum noch kein einziges Haus. Erst mit dem 1907 erbauten Leuchtturm entstand die Ortschaft neu. In den 1930ern kam die Deutsche Luftwaffe und baute

*Zwischen grünem Dünengras und einem weiten Himmel: Schnucklige Reetdach-
häuser schmiegen sich bei Hörnum in die Dünen. Bei solchen Bildern wundert's
einen nicht, dass man sich auf Sylt viele märchenhafte Geschichten erzählt.*

Kasernen, Bunker und eine Siedlung
für Soldaten.
In den letzten Jahren boomt Hörnum.
Wer hier vor einigen Jahren zu Besuch
war, staunt heute nicht schlecht. Die Hafenpromenade lädt nun zum Flanieren
ein. Immer am Strand entlang, spazieren
Sie an vielen Gelegenheiten vorbei,
Willi-Kuscheltiere & Co zu erstehen.

### Hoch hinaus
Der **Leuchtturm** ist nach wie vor so
beliebt, dass Sie besser schon vor Ihrem
Urlaub eine Besichtigung buchen. Einst
beherbergte er die mit ganzen drei
Kindern kleinste Schule Deutschlands.
Ein Zustand, von dem man heute nur
Träumen kann. Falls für einen Besuch
keine Zeit bleibt, kann man unter www.
hoernum.de/de/hoernum/hoernum-
sylt-leuchtturm-virtueller.php einen
virtuellen Rundgang machen (An der
Düne, Besichtigung Mo, Mi, Do 9–12
Uhr stdl., Erw. 6 €, Kinder 3 €. Das Ticket
gibt es gegen Vorlage der Kurkarte im
Tourismus-Service Hörnum, Rantumer Str.
20, T 04651 962 60, info@hoernum.de,
Mo–Fr 8.30–17, Sa 9–13 Uhr). Eine Besichtigung ist erst ab acht Jahren möglich.

Der Tourismus-Service Hörnum ist auch
die richtige Anlaufstelle für Informationen
zu Trauungen im Leuchtturm.

**NOCH WAS**

In die Literatur ist Hörnum mit
Detlev von Liliencrons Ballade über
den Freiheitshelden Pidder Lüng
eingegangen, der die dänische
Herrschaft anprangerte. Der Legende
nach wuchs der Fischer Pidder Lüng
in den Dünen bei Hörnum auf und
legte sich im 15. Jh. mit einem
Amtsmann aus Tondern an. Bei
Liliencron endet der Freiheitsheld
mit dem pathetischen Satz »Lewwer
duad üs Slaav!« – Lieber tot als
Sklave! Zu Pidder Lüngs Zeit war
Hörnum die Hochburg der Herings-
fischer, später wechselten die Bewohner das Metier und versuchten
sich in der See- und Strandräuberei.
Dann war der Ort jahrhundertelang
nicht besiedelt.

# 14

# Besondere Begegnungen – **Wale und Wassersportler**

**Auf Sylt kann es auch mal karibisch werden! Freuen Sie sich nicht zu früh – damit sind leider nicht die Temperaturen gemeint. Vielmehr ist es dieses Gefühl, wenn man auf dem Board stehend sein Paddel schwingt, während die Sonne den Rücken wärmt und ein Walbaby neugierig ▼ näherkommt.**

Im Grunde haben alle Urlauber darauf gewartet: auf einem Board stehen, paddelschwingend übers Meer dahingleiten – vermutlich haben Sie es schon erkannt, gemeint ist Stand-Up-Paddling (SUP). ›Paddeln im Stehen‹ ist die perfekte Wassersportart, die man auf die Schnelle im Urlaub erlernen kann. Surfen, Windsurfen, Kiten – alles cool, leider nicht von heute auf morgen zu beherrschen und gerade Kiten bleibt wohl ein Sport für die Mutigen unter uns.

Überall auf der Insel gibt es nun auch SUP-Kurse mit allem Drum und Dran. Sogar Yogakurse auf den SUP-Brettern werden angeboten und schaffen Abwechslung für alle, die mal nicht auf die Matte möchten. Aber gehen wir es langsam an. Einsteigern bietet der Familienstrand in Hörnum optimale Bedingungen, die Brandung ist hier nicht stark und der Bereich vor Westwinden geschützt. Das riesige Brett hebt sich erstaunlich leicht und hat eine vertrauenerweckende Breite. Das macht es relativ einfach, darauf stehen zu bleiben. Körperanspannung halten, dann klappt es mit dem Ausbalancieren. Das Paddel fühlt sich am Anfang noch etwas befremdlich an, aber daran gewöhnen Sie sich. Insgesamt trainieren Sie mit diesem Sport Ihre Rumpfmuskulatur. Dass auch Arme und Beine ordentlich gearbeitet haben, daran bleibt am nächsten Tag garantiert kein Zweifel. Nach einer kurzen Zeit werden Sie so erhaben auf dem Board stehen wie einst die Könige von Tahiti und Hawaii, wo der SUP-Sport seinen Anfang nahm. Statt sich auf dem Surf-

*Sind die Bedingungen gut, sieht man Kiter mit Wind und Wellen tanzen, bei ruhiger See gleiten die Stand-Up-Paddler übers Meer, mit etwas Glück begleitet von Walen.*

brett oder mit dem Kite ganz auf den Sport zu konzentrieren, können Sie hier den Blick schweifen lassen. Sylt in Sicht, tief die gute Luft in die Lungen pumpen und mal runterkommen. Aufs SUP-Board werden Sie vermutlich steigen, wenn kein Lüftchen weht und die Wasseroberfläche glatt ist. Richtig so, denn dann könnte es sein, dass Sie Wale sichten.

## Sylt und die Wale

Jahrhundertelang waren die Sylter Walfänger. In der Hochzeit von 1670 bis 1725 erlegten die Insulaner über 10 000 Tiere. 120 Kapitäne lebten auf Sylt, fast doppelt so viele Steuermänner und einige Hundert Seefahrer. Walknochen vorm Heimatmuseum in Keitum, die Türgriffe der St.-Severin-Kirche und zahlreiche Grabsteine erinnern an die für die Insel ›goldene‹ Zeit. Seit 1986 ist der kommerzielle Walfang verboten, auch wenn sich daran manche Staaten nicht halten. Die Populationen konnten sich erholen und auch vor Sylt gibt es endlich wieder Wale.

Vor allem die bis zu 1,80 m langen Schweinswale nähern sich gerne. Im Juni und Juli werden hier Walbabys geboren und in den Folgemonaten gesäugt. Der Nachwuchs ist besonders neugierig und beglückt Surfer und Paddler mit seiner Nähe. Geschätzt tummeln sich etwa 6000 Schweinswale vor der Sylter Westküste – da ist es gar nicht mal so unwahrscheinlich, dass auch Sie einen zu Gesicht bekommen.

›W‹ WIE WASSERSPORT
**Südkap Surfing ❶:**
► Karte S. 103. SUP, Segeln, Surfen. Die Surflehrer sind geduldig und kompetent (Strandpromenade 1, T 0176 71 81 71 77, www.suedkap-surfing.de, tgl. 10–18 Uhr).

LECKERES UNTERM LEUCHTTURM
**Strand Restaurant Südkap ❶:** ► Karte S. 103. Bei der Surfschule und sowieso in toller Lage mit großer Außenterasse steht das Restaurant unter dem Leuchtturm am Strand. Besonders praktisch für die Strandspaziergänger und Surfschüler: der Kiosk (Strandstr. 1, T 01465 88 13 90, www.suedkap-sylt.de, tgl. 10–22 Uhr, €€€).

**Faltplan:** B 12 | Karte S. 103

## Arche Wattenmeer

Gleich vor Ort wird mit einer Ausstellung von präparierten Vögeln, Schautafeln und Modellen die einzigartige Naturlandschaft Wattenmeer erklärt. Außerdem können Sie hier Wattwanderungen und Hallig-Exkursionen buchen (Rantumer Str. 27, T 04651 88 10 93, www.schutz station-wattenmeer.de, Ostern–Nov. tgl. 10–18, sonst tgl. 10–12, 15–18 Uhr).

### ⚓ Vintage meets Coolness
### Hotel 54° Nord

Das ehemalige Hapimag-Gebäude ist seit einigen Jahren ein Hotel gehobener Klasse, das statt zu protzen lieber mit Minimalismus und qualitativ hochwertigen

Neuerdings gibt es den **Whale-watcher-Trail Sylt.** In eine Nord- und eine Südtour aufgeteilt, sind jeweils sechs Infotafeln an Strandübergängen aufgestellt, die sich wunderbar abradeln lassen. Alle Tafeln sind interaktiv und haben Schwerpunkte wie Robben und Wale, Schweinswale, Kinderstube der Kleinwale. **Im Norden** startet die Tour bei der Westerländer Nordseeklinik und passiert in Wenningstedt die Seestraße und die Berthin Bleegstraße, die Plattform Rotes Kliff in Kampen und den Lister Weststrandübergang und endet am Lister Ellenbogenweg. **Die Südtour** beginnt an der Plattform Himmelsleiter in Westerland, der nächste Stopp ist der Strandübergang Robbenweg, eine weitere Infostelle findet sich am Rantumer Hauptstrand beim Restaurant Strandmuschel, dann bei der Sansibar und auf der Hörnum Plattform am Hauptstrand. Endpunkt ist die Hörnum Odde, Ende Oddewai. Ein toller Beweis dafür, dass aus einer Walfängerinsel eine Insel voller Walschützer werden kann!

Details auftrumpft. Sehr schöne Zimmer und mit Dock 2 eine Bar im Vintage Style. Mein Lieblingshotel in Hörnum! Strandstr. 2, T 04651 44 91 70, www.hotel 54gradnord.de, €€

### ⚓ Nordischer geht's nicht
### Hotel Am Leuchtturm

Wenn schon nicht in einem Leuchtturm wohnen, dann wenigstens so nah dran, wie es geht. Da sind Sie hier genau richtig. Exklusive Apartments, großzügiger Wellnessbereich, wunderschöne Ausblicke und nah am Meer. An der Düne 38, T 04651 961 00, www. hotel-leuchtturm.com, €€

### ⚓ Morgens Dusche oder Meer?
### Campingplatz Hörnum

Der wohl schönste Campingplatz der Insel, am Weststrand in einem Dünental gelegen. 270 Stellplätze. Rantumer Str. 31, T 04651 835 84 31, www. hoernum.de, Camping, April–Okt., Vorbestellung im Winter unter T 04651 962 60, €

### 🍴 Im 50er-Jahre Design
### Café Lund

Außer den Spezialitäten der Konditorei locken die Gäste auch das Frühstück mit Sylter Inselbrot und Kliffbrötchen, sowie die Snacks und kleinen Gerichte. Mit Internetshop. Rantumer Str. 1, T 04651 88 10 34, www.lund-sylt.de, Mo/Di, Do–Sa 7–18, So 8–18 (ab 9 Uhr Frühstück, 12–15 Uhr warme Küche), Mi nur Brötchenverkauf 8–11 Uhr, €

### 🍴 Jung und dabei dem Alten treu
### Möller's Anker

In lockerer Atmosphäre kommen hier Veganer, Vegetarier und Fleischliebhaber voll auf ihre Kosten. Und alles is(s)t bio! Blankes Tälchen 8, www.moellers-anker.de, T 04651 88 10 50, Di–So 12–14.30 und 17.30–22 Uhr, €€€

### 🍴 Nicht nur Willi findet's lecker
### Fischbude

Bei der Imbissversion von Fisch Matthiessen (Fisch Matthiessen Bistro & Imbiss, Rantumer Str. 8) sitzen Sie auf der Terrasse im Hafenambiente.

*Schiff ahoi – in diesem Falle das Schiff, das sich Gemeinde nennt: Die weiße Segelkirche von Hörnum stammt von 1970. Heute steht sie unter Denkmalschutz.*

Wenn Robbe Willi Hörnum einen Besuch abstattet, könne Sie hier ihre Lieblingsheringe zum guten Preis erstehen.
Hafenstr.1, www.fisch-matthiesen-sylt.de, tgl. 10–18 Uhr, €

### 🍴 Tres chic
**Landfein Strandwirtschaft**
»Wer den Koch kennt, braucht vor dem Essen nicht zu beten« steht in der Speisekarte - und der Blick auf die Tages- sowie die Abendkarte lässt einen dies auch gerne glauben! Tagsüber Brotzeit und leichte Speisen, Abends ein ausgetüfteltes 4-Gänge-Menü. Die neue Crew spielt sich noch ein, aber Charme und Küche locken schon jetzt zum Essen mit Blick aufs Meer.
Strandweg 14, Übergang Hauptstrand, T 04651 200 32 04, www.landfein-sylt.de, Do–Di 11–23 Uhr, Mi 11–18 Uhr nur Kiosk, €€€

### 🍴 Alternativ angehaucht
**Café Leuchtturm**
Im Holzhaus der Arche Wattenmeer gibt es fair gehandelten Kaffee und Tee auf Spendenbasis im Selbstbedienungscafé. Minimalistisch und originell eingerichtet.
Rantumer Str. 33, T 04651 886 22 29, www.schutzstation-wattenmeer.de, Fr–So 10–18 Uhr, €

### 🛍 Alles auf einmal
**Mare Sylt**
Hier gibt's alles an Souvenirs: T-Shirts, Kaffeetassen, Miniaturleuchttürme, Tee, Urlaubslektüre, Spielzeug und und und.
Rantumer Str. 12, www.mare-sylt.de, Mo–Fr 10–17, Sa 11–16 Uhr

### 🛍 Frischer geht's nicht
**Fisch vom Kutter:** Der Name ist Programm. Meistens zwischen 11 und 17 Uhr legt Krabbenfischer Dieter Denker in Hörnum an und verkauft frischen Fisch und Krabben vom Kutter weg.
Hörnum Hafen, tgl. 11–17 Uhr

### ✹ Superhip
**Dock 2 Genusswirtschaft**
Hippe Innenausstattung: Ein ehemaliger Seecontainer wird hier zur Theke. Bar des Hotel 54° Nord (▶ S. 100).
Strandstr. 2, www.dock2-sylt.de, tgl. 8.30–24 Uhr

### ✹ Südlichste Schankwirtschaft Sylts
**Schankwirtschaft Zum Poller**
Wo früher die Musik im Club 23 wummerte, hat sich eine hippe neue Location eingenistet – leckere Cocktails, gute Stimmung, eine Bar zum Wohlfühlen.
Rantumer Str. 23, T 04651 299 36 16, auf Facebook, Di–Sa ab 19 Uhr (unter Vorbehalt)

**# 15**

# Sand für Sylt –
## an der Odde

**Den ›Blanken Hans‹, die Nordsee bei Sturm, fürchtet man auf Sylt noch mehr als anderswo. Stetig rollt das Meer an den Strand, brechen sich die Wellen mit Wucht an der Küste. Eine besonders dramatische Entwicklung lässt sich an der Hörnum-Odde beobachten: Gefräßig nagt das Meer an der südlichen Inselspitze und vernichtet sie Stück für Stück.**

Das Verschwinden ist ein triftiger Grund, die Zeit zu nutzen und die ins Meer ragende Landzunge mit wunderbaren Ausblicken auf Dünen, Meer und Nachbarinseln zu erkunden, solange es geht.

Die Wanderung um die Odde ab dem Hafen in Hörnum ist auch nicht mehr das, was sie mal war. Was früher viereinhalb Stunden dauerte, ist heute ein einstündiger Spaziergang. Das Meer nimmt regelmäßig riesige Mengen Sand mit sich. Allein an der Südspitze ›verschwand‹ eine 100 m breite Sandplatte. Kein Wunder also, dass auf Sylt Küstenschutz in aller Munde ist und man mit vielfältigen Mitteln darum kämpft, die Insel zu retten.

### Kampf gegen die Gewalten

An der Odde reiht sich eine endlose Anzahl von hässlichen Tetrapoden. Die Betonblocksteine sollen den Landverlust eindämmen, bisher konnten sie jedoch nur wenig zur Erhaltung der Odde beitragen. Seit 1972 läuft das aufwendige Programm der Sandvorspülungen auf Sylt; dabei kommen bestimmte Schiffe, Hopperbagger, zum Einsatz. Unermüdlich pumpen sie vom Meeresboden Sand an den Strand – das hat bisher rund 100 Mio. € gekostet (Infos unter www.sylt.de/entdecken/natur/sylter-kuestenschutz.html).

**R**
RALF

Bei den Inseln, die Sie im Meer sehen, handelt es sich um Amrum und Föhr. Bei der Frage, welche Insel nun welche ist, hilft ›RALF‹ weiter: **R**echts **A**mrum, **L**inks **F**öhr.

### Bis ans Ende von Sylt

Schauen Sie noch einmal auf das Meer, bevor Sie starten – es ist nicht da? Gut! Die Odde lässt sich mittlerweile nur noch bei Ebbe umwandern. Manche Abschnitte lassen sich schlichtweg bei Flut überhaupt nicht begehen. Ab Windstärke 4 laufen die Wellen an der Westküste sogar die Dünen empor.

Vom Hörnum-Hafen aus flanieren Sie zunächst über die hübsche neue Promenade Richtung Süden. Rot-weiß ragt der **Leuchtturm** 1 in den Himmel. Im 1907 gebauten, über 30 m hohen Wahrzeichen Hörnums paukten zwischen 1918 und 1930 im Schnitt gerade mal drei Schüler an Deutschlands kleinster Schule. Heute sind hier verliebte Pärchen nicht nur im siebten Himmel, sondern oft auch im siebten Stock des Turms anzutreffen. Denn dort können sich Heiratswillige das Jawort geben. Wer einfach nur Lust hat, den Leuchtturm zu besichtigen, sollte sich lange vor dem Urlaub einen Termin reservieren (▶ S. 97).

Hier an der Ostseite weist die weite Öffnung in den Dünen den Eingang zum Muscheltal, das im Sommer zum Schutz der brütenden Seevögel nicht betreten werden darf. Genug gelaufen? Nur wenige Schritte weiter erstreckt sich der Weststrand, an dessen FKK-Bereich eine Strandsauna Entspannung verheißt. Durch die Dünen geht's zurück nach Hörnum. In der **Schutzstation Wattenmeer** 2 kann man sich über das Wattenmeer und die Veränderung der Odde informieren.

**INFOS/ÖFFNUNGSZEITEN**

**Leuchtturm** 1:
Besichtigung Mo, Mi, Do 9–12 Uhr stdl., Erw. 6 €, Kinder 3 €. Ticket gegen Vorlage der Kurkarte im Tourismus-Service Hörnum
**Arche Wattenmeer**
2: Hier erfahren Sie Spannendes über das Wattenmeer. Außerdem werden tolle Führungen, wie ›Hörnum bei Nacht‹ angeboten! (Rantumer Str. 33, T 04651 88 10 93, www.arche-wattenmeer. de, Di–So 10–18 Uhr, Erw. ab 6 €, Kinder 4 €)

**GENIESSEN & GUTES TUN**

**Selbstbedienungs-Café Leuchtturm** 2:
Kaffee und Tee gegen Spende (▶ S. 101)

›Straße der Höflichkeit‹ – Anfang des 20. Jh. war die Straße von Hörnum gen Norden so schmal, dass bei Gegenverkehr einer dem anderen Vorfahrt geben musste.

### Baden
Gute Bademöglichkeiten am Weststrand; im Süden an der Odde ist Baden hingegen nicht erlaubt. Es besteht bei starker Strömung Lebensgefahr!

### Für Kinder
Eine Trampolinanlage für Kinder ermöglicht große Sprünge und eine ›Pit-Pat‹-Anlage, so etwas wie Golf-Billiard, sorgt für Spielspaß.
Gegenüber dem Leuchtturm, tgl. ab 11 Uhr

### Mit dem Drahtesel unterwegs
**Fahrrad Classen**
Sympathische Vermietung von Kinder-, Damen- und Herrenrädern.
Budersandstr. 27, T 04651 88 03 54, www.fahrrad-classen.de/der-fahrradverleih

### Aufs Meer im Wind
**Sylter Katamaran Club e.V.**
Segelkurse auf Katamaranen für Jugendliche und Erwachsene.
Hafenstraße, www.sylter-catamaran-club.de

Immer wieder kommen bei Ebbe Wracks alter Schiffe zum Vorschein. Dabei handelt es sich meist nicht um mehrmastige Piratenschiffe, sondern häufiger um jahrzehnte- bis jahrhundertealte Kutter – aber immerhin. Es lohnt sich also, die Augen offen zu halten. Zuletzt wurde ein Wrack an der Odde bei Hörnum gesichtet.

### Beste Bedingungen
**Südkap Surfing**
(▶ S. 99)

### Golfen in den Dünen
**Golfclub Budersand**
18-Loch-Links-Course zwischen den Meeren.
Fernsicht 1, T04651 4492710, www.budersand.de

### Sonnengruß am Strand
**Yoga**
Was kann man Schöneres machen als mit Yoga am Strand in den Tag zu starten? Maren Schulz bietet außer in Hörnum auch noch an anderen Stränden und in Parks Yoga, Pilates und mehr an.
T 04651 878 90 05, www.yogamare.de, Retreats und mehr am Hauptstrand

### Ein Tag für mich
**Düün Bad & Spa**
Mal richtig verwöhnen lassen im Wellnesstempel in Hörnum: Ayurveda, Massage, private Spa-Suites.
Rantumer Str. 23a, T 04651 460 84 00, www.hapimag.de, Düün Bad & Spa, tgl. 10.30–21 Uhr

### ❶ Infos und Termine
**Kurabgabe:** 2,90 €
**Tourismus-Service:** Rantumer Str. 20, T 04651 962 60, www.hoernum.de, Nov.–April Mo–Fr 8.30–16, Sa 9–13, Mai–Okt. Mo–Fr 8.30–17 Uhr, Mai–Sept. zusätzlich So
**Busse:** Im 20- bzw. 15 Min.-Takt über Rantum nach Westerland. www.svg-busreisen.de
**Schiffe:** Verbindungen nach Amrum und Föhr (▶ S. 105)
**Syltlauf:** März. Inselmarathon von Hörnum nach List. www.syltlauf.eu
**Ostersamstag:** Nach Fackelmarsch wird das Osterfeuer entfacht.
**Julius Bär Beach Polo World Cup Sylt:** Pfingsten. Der Oststrand wird zur Poloarena.
**Hafenfest Hörnum:** Ende Juli. Segeltörn, traditionelle Wettbewerbe beim schon legendären Hafenfest
**Super Sail Sylt:** Letzte Juliwoche. Internationale deutsche Katamaran-Meisterschaft

# Amrum 🗺 Karte 2, A/B 2–4

**Schwebt da nicht etwas im Dunst? Schon von Hörnum aus können Sie einen Zipfel von Amrum erspähen. Wer das Schiff zur Nachbarinsel besteigt, erkundet die riesigen Dünen und die dunklen Wald- und Heideflächen im Innern und entspannt anschließend am extrabreiten Strand. Amrum ist die waldreichste Insel der Nordsee und etwa 20 km² groß. An der Wattseite der Insel leben die insgesamt 2500 Einwohner in fünf ruhigen Dörfern.**

Im Westen brandet die Nordsee an den über 15 km langen **Kniepsand**, ein Strand, der in manchen Abschnitten bis zu 1,5 km breit ist. Scheinbar endlose Dünenlandschaften türmen sich bis zu 32 m auf und wollen durchwandert werden. Für den großen Überblick lohnt der Aufstieg auf den höchsten Leuchtturm

### INSELHÜPFEN

Täglich steuern Schiffe von Hörnum aus Amrum, Föhr und die Halligen an (Mo–So 8–20 Uhr unter T 04651 987 08 88, www.adler-schiffe.de, direkt am Hafen oder Tourismus-Service Hörnum). Lassen Sie für einen Tag ›die Königin der Nordsee‹ hinter sich und stechen Sie in See, um auf winzigen Halligen anzulanden, die weiten Strände von Amrum zu erobern und in Wyk auf Föhr auf Entdeckungstour zu gehen.

der Insel zwischen Wittdün und Süddorf. 297 Stufen führen zur Aussichtsplattform (Mo–Fr 8.30–12.30 Uhr). Mit dem Schiff kommen Sie im Örtchen **Wittdün** an, von dort läuft man ca. 5 km (etwa 1 Std.) nach **Nebel**, dem Hauptort der Insel. Es gibt auch eine Busverbindung. Das idyllische Dorf mit schmucken Reetdachhäusern gruppiert

*Wie schon das alte Sprichwort sagt: Auf Regen folgt Sonnenschein. Kragen hoch, Kapuze überziehen – die Laune lassen wir uns vom Schietwetter nicht verderben!*

sich um die Kirche St. Clemens. Schon mal ›redende‹ Grabsteine gesehen? Nein? Auf dem Friedhof der Kirche stehen 90 davon. Sie erzählen von der abenteuerlichen Vergangenheit manch eines Amrumers auf See (Kirch- und Friedhofsführungen in der Saison Di 17 Uhr).

**❶ Infos**
**Amrum Touristik:** Am Fähranleger, Wittdün, T 04682 940 30, www.amrum. de, Mo–Fr 8.30–17.30, Sa 9–12, So/Fei 9–12.30, 16–17 Uhr, NS Sa/So geschl.
**Anreise:** Von Hörnum nach Amrum 45–90 Min. (▸ S. 105)

# Föhr 🗺 Karte 2, B–E 1–3

**Sie werden es lieben. Im Windschatten von Sylt und Amrum liegt das grüne Föhr, mit 82 km² die zweitgrößte der nordfriesischen Inseln. Friesische Dörfer wie aus dem Bilderbuch mit grünen Wiesen und fotogenen Häuschen sind Utersum oder auch Nieblum, auf dessen Friedhof rund um die St.-Johannis-Kirche uralte, moosbewachsene Grabsteine von einer bewegten Geschichte flüstern. Im Hauptort Wyk – wieder im Hier und Jetzt – laden hübsche Gassen zum Bummeln ein. Auch der dänische König Christian VIII. und der Märchendichter Hans Christian Andersen weilten an dem schon 1819 zum Seebad ernannten schönen Ort.**

**❶ Infos**
**Tourismus GmbH Wyk auf Föhr:** Hafenstr. 23, T 04681 300, www.foehr. de, Mo–So 10–14 Uhr
**Anreise:** Von Hörnum nach Föhr ca. 2,5 Std. (▸ S. 105)

*Und ›plötzlich‹ ist das Meer wieder da: Wer nach einer Wattwanderung von Amrum nach Föhr trockenen Fußes zurück nach Sylt möchte, tritt im Hafen in Wyk per Schiff die Rückreise an.*

---

### GEZEITEN FÜR DUMMIES

Die Gezeiten oder die Tide, wie das plattdeutsche Wort dafür lautet, meinen den Wechsel von Hoch- und Niedrigwasser. Mond und Sonne und auch der Wind beeinflussen die Höhe der Tide. Die größte Rolle spielt die Anziehungskraft des Mondes. Alle sechs Stunden und 12,5 Minuten wechseln Ebbe und Flut. Bevor man an den Strand oder ins Watt geht, sollte man sich über die Tidezeiten informieren. Wattwanderungen sollte man generell nur in Begleitung eines fachkundigen Führers unternehmen. Den aktuellen Gezeitenkalender finden Sie unter: www.insel-sylt.de/gezeitenkalender/

---

# Die Halligen

📖 Karte 2, D–G 3–5

**Man fragt sich, wie so ein Leben ist, in dem man sich einmal im Kreis dreht und schon hat man die ganze Insel gesehen. Besonders ist es auf jeden Fall – und Sie haben die Möglichkeit, sich auf einem Ausflug ein Bild davon zu machen. Nur die Hälfte der zehn Halligen ist besiedelt, drei davon werden von Sylt aus angesteuert.**

Die Halligen – ein Landschaftsphänomen: Einige sind Überbleibsel des Festlands, andere sind erst durch Schlickablagerungen entstanden. Einst gab es etwa 100 Halligen, heute sind es gerade noch zehn. Da Halligen per se durch jede Flut bedroht sind, stehen die Häuser auf Erdhügeln, den Warften.

### Hooge

Hooge, die zweitgrößte Hallig, nennt sich die ›Königin der Halligen‹ und misst 6 km². Am Anleger stehen für Besucher über 100 Fahrräder bereit. Eine weniger schweißtreibende Alternative sind die Pferdekutschen. Beim Durchstreifen des Eilands passiert man die Kirchwarft, auf der sich das Gotteshaus aus dem 17. Jh. erhebt. Auf der Hanswarft steht der Königspesel. In dieser ›Guten Stube‹ übernachtete 1825 der dänische König Friedrich VI. Heute wird hier die Seefahrerkultur des 18. Jh. in einem privaten Museum lebendig (Besichtigung nach Absprache, T 04849 337).

### Langeneß und Gröde

Die größte Hallig ist Langeneß mit 8 km Länge. Auch hier kann man Fahrräder leihen. Bequemer geht es mit dem Hallig-Express, ein offener Wagen, von einem Traktor gezogen. Sehenswert ist das Kapitän-Tadsen-Museum. Die kleinste Gemeinde Deutschlands auf der Hallig Gröde besitzt nur 278 ha Land, auf dem sechs Familien leben.

### ❶ Infos und Termine

**Hallig Hooge Touristikbüro:** Hanswarft 1, 25859 Hallig Hooge, T 04849 255, www.hooge.de
**Anreise:** Von Hörnum zur Hallig Hooge ca. 80–90 Min. Weitere Ausflüge unter www.adler-schiffe.de

Ein Highlight ist eine geführte Wattwanderung von Amrum nach Föhr oder andersherum. Von Hörnum aus kann eine Insel angefahren werden, von der die Wattwanderung startet. Danach tritt man von der jeweiligen Insel die Rückreise an. Wattwanderungen ab Föhr: www.foehr.de. Oder von Amrum: Reinhard Boyens, T 04682 16 69, www.wattwandern-amrum.de

# Hin & weg

······································
### ANREISE
······································

**Mit der Bahn**
Nach Sylt fahren IC-Züge aus diversen Städten. Die beste Verbindung führt über Hamburg-Altona, von da braucht der Zug 2,5–3 Std. bis Westerland. Die NOB (Nord-Ostsee-Bahn) hat sich Ende 2016 verabschiedet, darum reist man nun mit der Deutschen Bahn an. Von Hamburg aus ist nichts günstiger als das Länder-Ticket für bis zu fünf Mitfahrern. T 04651 99 88, www.buchungs zentrum-sylt.de.

**Mit dem Flugzeug**
Sylt ist problemlos von Deutschland, der Schweiz und Österreich mit dem Flugzeug zu erreichen. Abflughäfen sind Berlin, Dortmund, Düsseldorf, Erfurt, Frankfurt, Hamburg, Köln, Leipzig, München, Nürnberg, Stuttgart, Salzburg, Wien und Zürich (Wintermonate mit eingeschränktem Flugangebot). Mittlerweile können Sie sogar direkt aus Abu Dhabi, Barcelona oder Boston einfliegen. Viele Bewohner sehen in dem großen Flugangebot eher eine Lärmbelästigung. Auskunft und Buchung am **Flughafen Sylt,** T 04651 92 06 12, www.flug hafen-sylt.de.
**Charterflüge (europaweit) können gebucht werden über:** Sylt Air, T 04651 78 77, https://syltair.de (auch Linienverbindung mit Hamburg und Rundflüge über Sylt, die Halligen und das Wattenmeer).
**Weiterfahrt:** Vom Flughafen aus gibt es gute Busanbindungen nach Westerland.

**Mit dem Auto**
Am schnellsten erfolgt die Anfahrt nach Sylt mit dem Auto über die A7 Richtung Flensburg bis zur letzten Abfahrt vor der dänischen Grenze, Harrislee, und von dort über die Landstraße nach Niebüll.
Gemächlicher reist es sich auf der Landstraße über Heide und Husum. Von Niebüll geht es per Autoverladung mit dem **Sylt-Shuttle** der DB über den Hindenburgdamm nach Westerland. Man bleibt im Auto sitzen und genießt die ungewöhnliche Anfahrt auf die Insel. Die Züge fahren das ganze Jahr über alle 60–90 Min., zu Spitzenzeiten alle 30 Min. zwischen 5.05 und 22.05 Uhr. Die Überfahrt dauert 35 Min. Der Preis für eine Hin- und Rückfahrt beträgt für einen Pkw inkl. Passagiere ca. 105 €. Eine Reservierung ist zwar nicht möglich, aber in Niebüll gibt es den **Express CheckIn:** Der Ticketverkauf erfolgt über EC-Fahrkartenautomaten mit einer Chipkarte, was die früher oft langen Wartezeiten nun zum Glück vermeidet.

**Sylt-Shuttle**
**DB Service und Infos:** T 01805 24 12 24, tgl. 8–22 Uhr, www.syltshuttle.de
**Terminal Niebüll:** T 04561 93 45 67

---

### DIE SACHE MIT DER KURTAXE

Ja, sie klingt altmodisch, die Kurtaxe. Doch lassen Sie sich davon nicht irritieren! Sie heißt heute **Kurabgabe** und ist bereits im Übernachtungspreis enthalten (max. 3,30 € am Tag, je nach Saison und Ort). Beim Check-In wird Ihnen dafür eine Gästekarte gereicht, die Sie für den Zugang zum Strand brauchen. Tagesgäste kaufen am Kassenhäuschen vor dem Strand eine Tageskarte (2,90–4 €), wobei Kinder und Jugendliche unter 18 Jahren nichts zahlen müssen.
Und warum das Ganze? Damit der Abfall nicht liegenbleibt, die Rettungsschwimmer Sie im Notfall retten und die Inselbesucher in den Genuss vieler interessanter Veranstaltungen und Dienstleistungen kommen können.

---

**Terminal Westerland:** T 01805 93 45 67 (14 Cent/Min.)

## INFORMATIONSQUELLEN

Für allgemeine Informationen bietet sich Sylt Marketing an, die Kurverwaltungen der einzelnen Orte heißen der Sylt Tourismus-Service. Sie verschicken kostenloses Informationsmaterial sowie ein Unterkunftsverzeichnis und helfen auch vor Ort gerne weiter.
**Sylt Marketing:** Stephanstr. 6, 25980 Westerland, T 04651 820 20, www.sylt.de

**Tourismus-Services**
**Hörnum:** Rantumer Str. 20, 25997 Hörnum, T 04651 962 60, www.hoernum.de
**Kampen:** Hauptstr. 12, Postfach 27, 25999 Kampen, T 04651 469 80, www.kampen.de
**Keitum:** Gurtstig 23, 25980 Keitum, T 04651 337 33, www.insel-sylt.de
**List:** Landwehrdeich 1, 25992 List, T 04651 952 00, www.list.de
**Morsum:** Bi Miiren, 25980 Morsum, T 04651 89 07 32, www.insel-sylt.de
**Rantum:** Strandweg 7, 25980 Rantum, T 04651 80 70, www.rantum.de
**Tinnum:** Dirksstr. 11, 25980 Tinnum, T 04651 98 37 11, www.insel-sylt.de
**Wenningstedt-Braderup:** Strandstr. 25, 25996 Wenningstedt, T 04651 44 70, www.wenningstedt.de
**Westerland:** Strandstr. 35, 25980 Westerland, T 04651 99 80, www.westerland.de

**Im Internet**
**www.sylt.de:** Hervorragende Seite der Sylt Marketing GmbH mit Buchungsmöglichkeiten und Hintergründen zu allen Lebensbereichen der Insel.
**www.sylt-tv.com:** Alles, was auf der Insel passiert, wird hier mit der Kamera festgehalten.
**www.silke-von-bremen.de:** Die Diplomgeologin leitete mehrere Jahre lang das Sylt Museum. Mittlerweile vermittelt sie mit viel Humor und kritischer Distanz die Inselkultur. Das Honorar hängt ab von Umfang und Aufwand, im Sommer wöchentliche Touren zum Festpreis.
**www.shz.de:** Die Schleswig-Holsteinische Zeitung beinhaltet auch die Sylter Rundschau. Damit Sie auch im Urlaub wissen, was bei Ihnen vor der Tür los ist.

## KLIMA UND REISEZEIT

Die Nähe des Golfstroms beschert der Insel zwar meist milde Winter, wirkt sich aber nicht mildernd auf das Sylter Klima im Ganzen aus. Ein kräftiger Seewind, intensive Sonneneinstrahlung und die mit Aerosolen angereicherte Luft bieten am Strand ein Reizklima, das den Körper zu vermehrter Hormon- und Vitamin-D-Produktion anregt. Für Sylt gibt es keine bestimmte Reisezeit. Natürlich ist die Insel besonders beliebt im Sommer, wenn man in der Nordsee baden kann. Aber auch in den anderen Jahreszeiten haben Strandspaziergänge jeweils ihren besonderen Zauber.

## REISEN MIT HANDICAP

Auf www.sylt.de/reise-service finden Sie ausführliche Informationen für einen barrierefreien Urlaub auf Sylt. Die Broschüre »Urlaub mit Handicap« steht zum Download bereit. Wer mit der Bahn anreist, kann sich unter www.bahn.de/handicap die Broschüre »Mobil mit Handicap« herunterladen.

## SICHERHEIT UND NOTFÄLLE

Wer nur für einen Tag auf die Insel kommt, kann sein Gepäck in den Schließfächern am Bahnhof in Westerland deponieren.
**Notrufnummern**
**Polizei:** T 110
**Feuerwehr:** T 112
**Seenotwache:** T 04651 851 99
**Notarzt:** T 04651 66 66
**Österreichische Botschaft:** Stauffenbergstr. 1, 10785 Berlin (Tiergarten),

T 030 20 28 70, Fax 030 229 05 69,
berlin-ob@bmaa.gv.at.
**Schweizer Botschaft:** Otto-
von-Bismarck-Allee 4 A, 10557 Berlin,
T 030 390 40 00, Fax 030 391 10 30,
ber.vertretung@eda.admin.ch

## SPORT UND AKTIVITÄTEN

### Baden
Die Bademöglichkeiten am fast 40 km
langen Weststrand sind hervorragend,
ebenso die Wasserqualität, die regelmäßig überprüft wird. Am Weststrand kann
man mit oder ohne Badeanzug, mit oder
ohne Hund, einsam oder in der Masse
baden – alles ist möglich und alles
ist ausgeschildert. Wer die Einsamkeit
sucht, findet sie ohne Strandkörbe am
ehesten zwischen Kampen und List
sowie zwischen Rantum und Hörnum.
Wegen der starken Strömung und Unter-
strömung sollte man am Weststrand nur
an bewachten Abschnitten baden. Etwa
60 ausgebildete Rettungsschwimmer
überwachen den kilometerlangen Strand.
Die Ampelfarben der am Strand gehissten
Flaggen signalisieren: Grün = ungefähr-
liches Baden, Gelb = eingeschränktes
Baden, nur im Badefeld, Rot = absolutes
Badeverbot! Im Winter ist die Sylter Welle
in Westerland eine Alternative.

---

### HIER BEKOMMT MAN GERNE EINEN KORB

Da auf Sylt mitunter eine frische
Brise weht, die Sonne intensiver
scheint als anderswo und es auch
mal von oben nass werden kann,
wundert es nicht, dass auf der Insel
rund 12 000 Strandkörbe Besuchern
Schutz bieten. Ein Korb kann schon
vor Reiseantritt über die Kurverwaltung reserviert werden. Die
Tagesmiete beträgt – je nach
Ort – zwischen 8 und 10 €. Wer
für eine Woche oder länger mietet,
zahlt weniger.

---

**Verletzungsgefahr:** Am Strand weisen
schräg stehende Kreuze auf Reste alter
Buhnen im Meer hin.

### Fastenwandern
Schon seit 1994 veranstaltet Ulla Wer-
ner auf Sylt Fastenwanderkurse in einem
eigenem ›Fastenhaus‹, das von ihrer
Tochter Heike geleitet wird. Hier können
die Teilnehmer eines Kurses nicht nur
unterkommen – in der Gruppe fastet
es sich bekanntlich leichter –, sondern
sich auch Sauna, Yoga, Massagen oder
Leberwickel gönnen. Nähere Informationen finden Sie im Internet unter www.
fastenwandern-sylt.de.

### Golf
Zwischen Wenningstedt und Kampen
liegt der **Golfclub Sylt** mit einer
18-Loch-Anlage. Im Sommer gibt es
für Nichtmitglieder eine Handicap-Be-
grenzung. Einen 9-Loch-Parcours
bietet der **Golfclub Morsum.** Ohne
Empfehlung eines Mitglieds hat man
aber in den Sommermonaten keine
Chance, als Nicht-Mitglied auf dem
Gelände zu spielen.
Das ganze Jahr über sind Gäste auf
dem 18-Loch-Platz des **Marine Golf
Club** am Westerländer Flughafen
willkommen. Der 18-Loch-Parcours
des **Golfclub Budersand** in Hörnum
gehört zum gleichnamigen Hotel. Vom
höchsten Punkt der Anlage aus sind
das Wattenmeer, die Nordsee und die
benachbarten Inseln zu sehen. Golfer
müssen ein Handicap von 28 vorwei-
sen können.

**Golf-Club Sylt e. V.:** Norderweg 5,
T 04651 995 98 10, www.golfclubsylt.de
**Golfclub Morsum auf Sylt e. V.:**
Uasterhörn 37, T 04651 89 03 87
**Marine-Golf-Club Sylt e. G.:** Flughafen
69, T 04651 92 75 75, www.sylt-golf.de
**Golf Club Budersand Sylt e. V.:**
Fernsicht 1, T 04651 449 27 10, www.
budersand.de

### Joggen
Joggen kann man natürlich überall auf
der Insel. Zwischen Kampen und Wen-

ningstedt gibt es im Wald eine Trimm-Dich-Strecke von 2,7 km Länge. Die Sportvereine von Tinnum und Westerland organisieren Lauftreffs. Und im März findet der große Syltlauf statt. 1982 trafen sich erstmals 15 begeisterte Jogger, um von Hörnum nach List zu laufen. Heute ist die 33 333 m lange Strecke so beliebt, dass die Anzahl der Teilnehmer auf 1400 begrenzt ist (www.syltlauf.eu).

### Kuren
Für viele Besucher ist Sylt nicht nur Urlaubsziel, sie wollen hier das Angenehme mit dem Nützlichen verbinden. Denn dem heilklimatischen Reizen von Meer, Luft und Sonne auf Sylt wird traditionell eine positive Wirkung bei chronischer Bronchitis, Hypotonie, Herz-oder Hauterkrankungen zugeschrieben. Außer der Nordseeklinik in Westerland bieten auch die anderen Orte der Insel Kuranwendungen an.

### Nordic Walking
Mit einem rund 220 km langen Streckennetz wartet der **Nordic Walking Park Sylt** auf, der in Zusammenarbeit mit der Sporthochschule Köln entstand. Auskunft zu Kursen erteilen die Kurverwaltungen, ausgearbeitete Streckenpläne und Info finden Sie unter: www.sylt.de, www.nordseetourismus.de/nordic-walking. An vielen beliebten Ausgangspunkten für Wanderungen, wie dem Parkplatz Nösse am Morsum-Kliff, stehen Infotafeln zu Strecken mit Erläuterungen zum Nordic Walking.

### Radfahren
**Radverleih:** Wer sein Fahrrad nicht mitgebracht hat, findet eines bei den vielen Fahrradvermietungen, bei denen man Räder ab 5 €/Tag mieten kann.
**Radrouten:** Am angenehmsten und ruhigsten radelt es sich auf der ehemaligen Inselbahntrasse zwischen Westerland und Hörnum (► S. 22).

### Reiten
Zwischen 500 und 600 Pferde haben auf Sylt ihren ›festen Wohnsitz‹. 88 km Reitwege führen kreuz und quer über

### SYLT MIT HUND
Hunde dürfen auf Sylt in der Regel nicht mit an den Strand – mit Ausnahme der für sie reservierten und ausgewiesenen Hundestrände. Es gibt sie in allen Strandorten an der gesamten Westseite der Insel. Bei Watt- und Dünenspaziergängen müssen Hunde unbedingt an kurzer Leine geführt werden. Alles rund um den Urlaub mit Hund – von der Anreise über die Sylter Hundstage bis zur Unterkunft – finden Sie hier: www.sylt.de/sylturlaub-ist/hunde freundlich.html.

die Insel. Ausritte am Weststrand sind von Mitte Mai bis Ende September verboten, damit sich Reiter und Badeurlauber nicht ins Gehege kommen. An den übrigen Stränden ist Reiten von 10.30 bis 17 Uhr untersagt.

### Segelfliegen
Jeden Sonntag – sofern das Wetter mitmacht – nehmen Sylts Segelflieger Gäste mit in die Luft. Nähere Informationen erteilt der nördlichste Segelclubverein Deutschlands: **Aero-Club Sylt**, www.aeroclub-sylt.de, T 04651 332 33.

### Strandsauna
Ein Wellness-Highlight auf Sylt sind die fünf Strandsaunen an den FKK-Stränden zwischen List und Hörnum. Schwitzend aus der Sauna durch Sand und Wind in die Wellen laufen, das ist Wellness pur (► S. 46)!

### Volleyball
An allen Badestränden wird in den Sommermonaten gebaggert, geprellt und geblockt, gelegentlich gibt es Beachvolleyballturniere. Besonders beliebt ist das Beachvolleyballfeld der Buhne 16 bei Kampen.

### Wandern & Wattwandern
Zum Wandern nach Sylt? Und ob! Bietet die Insel doch Wandererlebnisse

von besonderem Reiz: Strandwande-
rungen, Spaziergänge auf ausgeschil-
derten Wegen durch die Dünen und als
Highlight geführte **Wattexkursionen.**
Einmal barfuß durch den Schlick wa-
ten, Muscheln und Strandgut sammeln,
über Priele springen, Vogelschwärme
und Krebse beobachten – nicht nur für
ausgewiesene Naturfreunde ein un-
vergessliches Erlebnis! Informationen
rund um Exkursionen ins Watt finden
Sie hier: www.schutzstation-watten
meer.de und www.sylt.de. Weiterfüh-
rende Informationen zum Weltnaturer-
erbe und Nationalpark Wattenmeer:
www.wattenmeer-nationalpark.de.

### Windsurfen und SUP

Sylt ist Deutschlands **Windsurfer-
Paradies** schlechthin. Wind- und Strö-
mungsverhältnisse erfordern allerdings
reichlich Übung. Höhepunkt der Surfer-
saison ist der Windsurf World Cup, der
alljährlich im September in Westerland
ausgetragen wird. Beliebte Surfreviere
sind das Rantumer Becken und der Königshafen in List. Kurse werden u. a. in
Munkmarsch, Rantum und Westerland
angeboten. Das **Stand-Up-Paddling**
ist von Sylt nicht mehr wegzudenken,
überall gibt es Kurse.

### Yoga am Strand

Yoga mit Meeresbrise ist ein Genuss,
den Neulinge wie Fortgeschrittene mit
und ohne Anmeldung in der Hochsaison auf Sylt erleben können. Konkrete
Infos erhalten Sie unter www.yoga
mare.de, yogaaufsylt.de oder in den
Touristenbüros der einzelnen Orte.

## ÜBERNACHTEN

Von der einfachen Pension im 1970er-
Jahre-Look bis zum coolen Boutiquehotel,
vom eleganten Landhaushotel bis zum
Hotel Garni, ob IKEA-Look oder originell:
Auf Sylt gibt es alles. Schauen Sie genau
hin, bevor Sie buchen. Viele Einheimische
machen sich mit ihren Ferienwohnungen
Mühe, andere nicht. Campingplätze
und Jugendherbergen haben größten-

teils einen hervorragenden Standard.
Glamping gibt es nicht auf Sylt, aber auf
dem Rantumer Campingplatz stehen
geräumige Mobile Homes für alle, die den
Charme eines Campingplatzes mit einer
Ferienwohnung verbinden möchten. Und
das möglichst nah und ungezwungen
am Meer.
Regional gibt es preislich riesige
Unterschiede. Am günstigsten sind
Tinnum, List und Hörnum, am teuersten
ist Kampen. Buchen Sie rechtzeitig! Von
Mai bis September und zu Feiertagen
gelten Hauptsaisonpreise. Schauen und
buchen können Sie hier:
**www.sylt-travel.de:** Gute Übersicht
über Ferienwohnungen und -häuser.
**www.syltbuchen.de**
**www.sylt-tourismus.de**
**www.sylter-Ferienwohnungen.de**
**www.airbnb.de**

## VERKEHRSMITTEL

### Mit dem Auto

Die meisten Gäste kommen leider mit
dem Auto nach Sylt. Das ist der ohnehin
ökologisch stark belasteten Insel nicht
unbedingt zuträglich. Im Sommer gibt
es fast immer Stau, einen Parkplatz zu
finden, ist mancherorts noch schwieriger
als in deutschen Großstädten. Übrigens:
In Westerland herrscht von April bis
Oktober striktes Nachtfahrverbot. Die
Straßen der Innenstadt sind dann durch
Schranken für den Autoverkehr gesperrt.

### Mit dem Bus

Vom Busbahnhof in Westerland fahren
die Busse in drei Richtungen: nach Süden
über Rantum nach Hörnum, nach Norden
über Wenningstedt und Kampen nach List

sowie nach Osten über Tinnum, Keitum, Archsum nach Morsum. Die Busse fahren zwischen 9 und 19 Uhr im 15-Min.-Takt, bis ca. Mitternacht dann nur noch einmal pro Stunde. Es besteht auch die Möglichkeit, das Fahrrad mit dem Bus zu transportieren (2–4,70 €).

**Fahrplan- und Tarifauskunft der Sylter Verkehrsgesellschaft (SVG):**
T 04651 836 10, www.svg-sylt.de

**Mit dem Fahrrad**
Ganze 280 km Fahrradwege bietet Sylt. Die gesamte Inselbahntrasse von Nord nach Süd ist heute ein landschaftlich schöner Fahrradweg, außerdem gibt es im Osten der Insel viele ausgeschilderte Wege. Fahrräder in allen Variationen sind überall auf der Insel ab 5 € pro Tag zu mieten, bei wöchentlicher Miete wird es günstiger.

**Mit dem Taxi**
Ein großer Taxistand befindet sich vor dem Bahnhof in Westerland. Ansonsten können Taxis wie überall bestellt werden:
**Sylt Taxi 5555 (Sylter Funktaxenzentrale):** T 04651 50 50 oder 55 55
**Taxi-Service Henke:** T 04651 66 99
**Sylter Taxi 7070:** T 04651 70 70

**Mit dem Leihwagen**
Es gibt mehrere Autovermietungen auf der Insel, zudem vermieten auch einige Tankstellen Autos.
**Westerland:** Inter-Rent Europcar Autovermietungen, Trift 2, T 04651 71 78, www.europcar.de
**Tinnum:** Autohaus Rosier, Mittelweg 3, T 04651 33 91 20.
**Wenningstedt:** FunCar-Sylt, Bertin-Bleeg-Str. 19a, T 04651 454 90, www. funcar-sylt.de

## DER UMWELT ZULIEBE – NACHHALTIG REISEN

Sylt ächzt und stöhnt unter der allsommerlich heranrollenden Autoflut. Die Parkplatzsituation im Sommer ist alles andere als entspannt und wer steht im Urlaub schon gern im Stau? Lassen Sie das Auto ruhig zuhause, Sylt ist hervorragend per Bahn zu erreichen. Und auf der Insel gibt es wunderschöne Radwege, gerade die alte Inselbahntrasse führt Sie fernab von Trubel und Hektik durch Dünen und ans Meer. Wem die Puste ausgeht, der kann das Rad auch bequem im Bus mitnehmen (im hinteren Teil des Busses festbinden, vorne beim Fahrer zahlen). Übrigens: Zwischen den Dünen, in der Heide und an den Kliffs immer auf den Wegen bleiben! Auch wenn es verlockend ist – nehmen Sie in der Heide und generell in der Natur keine Pflanzen mit! Nur so kann Sylts beeindruckende und einzigartige Natur auch für die zukünftigen Generationen erhalten bleiben. Schöne Erinnerungen an eine einzigartige Landschaft und Natur sind auch ohne ›Souvenir‹ garantiert.
Die folgenden Websites geben Tipps, wie das Reisen nachhaltig gestaltet werden kann:
**www.vertraeglich-reisen.de:** Das Reisemagazin »Anderswo« bietet auch auf seiner Online-Plattform jede Menge Informationen zum nachhaltigen Reisen und Tipps zu Unterkünften in Deutschland, Österreich und weiteren europäische Ländern.
**www.zukunft-reisen.de:** Das Portal des Vereins Ökologischer Tourismus in Europa erklärt, wie man ohne Verzicht umweltverträglich und sozial verantwortlich reisen kann.
**www.atmosfair.de:** Organisation, die sich für klimafreundliches Reisen einsetzt. Mit einem Emissionsrechner kann jeder ausrechnen, wie viel er der Umwelt schadet und dementsprechend spenden, um nachhaltige Projekte zu unterstützen.

# O-Ton Sylt

**Moin, Moin!**
Morgen/Tag/Abend (geht immer)

*Schietwetter!*
Vermutlich regnet es gerade:
Scheißwetter/Mistwetter

KLÖNSCHNACK
lockere Unterhaltung

**Tschüss**
Auf Wieder-
sehen

TÜDELKRAM
unwichtiges Zeug

*schnacken, klönen, sabbeln*
sich unterhalten

BÜDEL
Beutel, Tasche

*Da nich für*
gern geschehen

*Dummtüch*
dummes Zeug

**dun**
betrunken

DRÖMELIG
verträumt (im Sinne von zu langsam)

114

### Das Klima im Blick
Reisen bereichert und verbindet Menschen und Kulturen. Wer reist, erzeugt auch $CO_2$. Der Flugverkehr trägt mit bis zu 10 % zur globalen Erwärmung bei. Wer das Klima schützen will, sollte sich – wenn möglich – für eine schonendere Reiseform entscheiden oder die Projekte von atmosfair unterstützen. Flugpassagiere spenden einen kilometerabhängigen Beitrag für die von ihnen verursachten Emissionen und finanzieren damit Projekte in Entwicklungsländern, die dort den Ausstoß von Klimagasen verringern helfen (www. atmosfair.de). Auch die Mitarbeiter des DuMont Reiseverlags fliegen mit atmosfair!